Dezember müsst es immer sein

Anja Hager (Hg.)

DEZEMBER MÜSST ES IMMER SEIN

Die schönsten Gedichte und Geschichten
für Advent und Weihnachten

Patmos Verlag

INHALT

–·– DEZEMBERTAGE –·–

–·– TANNENGEFLÜSTER –·–

DEZEMBER-TAGE

DER STERN

WILHELM BUSCH

Hätt einer auch fast mehr Verstand
Als wie die drei Weisen aus Morgenland
Und ließe sich dünken, er wär wohl nie
Dem Sternlein nachgereist wie sie;
Dennoch, wenn nun das Weihnachtsfest
Seine Lichtlein wonniglich scheinen läßt,
Fällt auch auf sein verständig Gesicht,
Er mag es merken oder nicht,
Ein freundlicher Strahl
Des Wundersternes von dazumal.

NOCH IST DER HERBST NICHT GANZ ENTFLOHN

THEODOR FONTANE

Noch ist der Herbst nicht ganz entflohn,
Aber als Knecht Ruprecht schon
Kommt der Winter hergeschritten,
Und alsbald aus Schnee'es Mitten
Klingt des Schlittenglöckleins Ton.

Und was jüngst noch, fern und nah,
Bunt auf uns herniedersah,
Weiß sind Türme, Dächer, Zweige,
Und das Jahr geht auf die Neige,
Und das schönste Fest ist da.

Tag du der Geburt des Herrn,
Heute bist du uns noch fern,
aber Tannen, Engel, Fahnen
Lassen uns den Tag schon ahnen,
Und wir sehen schon den Stern.

ADVENT

KARL VON GEROK

Die Kindlein sitzen im Zimmer
– Weihnachten ist nicht mehr weit –
beim traulichen Lampenschimmer
und jubeln: »Es schneit, es schneit!«

Das leichte Flockengewimmel,
es schwebt durch die dämmernde Nacht
herunter vom hohen Himmel,
vorüber am Fenster so sacht.

Und wo ein Flöckchen im Tanze
den Scheiben vorüberschweift,
da flimmert's im silbernen Glanze,
vom Lichte der Lampe gestreift.

Die Kindlein sehn's mit Frohlocken,
sie drängen ans Fenster sich dicht,
sie verfolgen die silbernen Flocken,
die Mutter lächelt und spricht:

»Wißt, Kinder, die Engelein schneidern
im Himmel jetzt früh und spät;
an Puppenbettchen und Kleidern
wird auf Weihnachten genäht.

Da fällt von Säckchen und Röckchen
manch silberner Flitter beiseit,
vom Bettchen manch Federflöckchen;
auf Erden sagt man: es schneit.

Und seid ihr lieb und vernünftig,
ist manches für euch auch bestellt;
wer weiß, was Schönes euch künftig
vom Tische der Engelein fällt!«

Die Mutter spricht's; – vor Entzücken
den Kleinen das Herze da lacht;
sie träumen mit seligen Blicken
hinaus in die zaubrische Nacht.

ADVENT

MASCHA KALÉKO

Der Frost haucht zarte Häkelspitzen
Perlmuttergrau ans Scheibenglas.
Da blühn bis an die Fensterritzen
Eisblumen, Sterne, Farn und Gras.
Kristalle schaukeln von den Bäumen,
die letzten Vögel sind entflohn.
Leis fällt der Schnee – in unsern Träumen
weihnachtet es seit gestern schon.

DIE LUFT RIECHT SCHON NACH SCHNEE

SARAH KIRSCH

Die Luft riecht schon nach Schnee, mein Geliebter
Trägt langes Haar, ach der Winter, der Winter der uns
Eng zusammenwirft steht vor der Tür, kommt
Mit dem Windhundgespann. Eisblumen
Streut er ans Fenster, die Kohlen glühen im Herd, und
Du Schönster Schneeweißer legst mir deinen Kopf
in den Schoß
Ich sage das ist
Der Schlitten der nicht mehr hält, Schnee fällt uns
Mitten ins Herz, er glüht
Auf den Aschekübeln im Hof Darling flüstert die
Amsel

Winternacht

Christian Morgenstern

Flockendichte Winternacht ...
Heimkehr von der Schenke ...
Stilles Einsamwandern macht,
daß ich deiner denke.

Schau dich fern im dunklen Raum
ruhn in bleichen Linnen ...
Leb ich wohl in deinem Traum
ganz geheim tiefinnen? ...

Stilles Einsamwandern macht,
daß ich nach dir leide ...
Eine weiße Flockennacht
flüstert um uns beide ...

ADVENT

RAINER MARIA RILKE

Es treibt der Wind im Winterwalde
Die Flockenherde wie ein Hirt,
Und manche Tanne ahnt, wie balde
Sie fromm und lichterheilig wird;
Und lauscht hinaus. Den weißen Wegen
Streckt sie die Zweige hin – bereit,
Und wehrt dem Wind und wächst entgegen
Der einen Nacht der Herrlichkeit.

AN DEZEMBER-TAGEN

ANNE STEINWART

An Dezembertagen kann es sein,
dass es abends freundlich klopft,
dass Besuch kommt unverhofft,
dass dir jemand Himmelstorte backt
und die dicksten Nüsse knackt,
dass er dir ein Lied mitbringt
und von seinen Träumen singt.

An Dezembertagen kann es sein,
dass Menschen plötzlich Flügel tragen
und nach Herzenswünschen fragen.
Riesen werden sanft und klein,
laden alle Zwerge ein.
Dezember müsst es immer sein.

EIN WINTER-ABEND

GEORG TRAKL

Wenn der Schnee ans Fenster fällt,
Lang die Abendglocke läutet,
Vielen ist der Tisch bereitet
Und das Haus ist wohlbestellt.

Mancher auf der Wanderschaft
Kommt ans Tor auf dunklen Pfaden.
Golden blüht der Baum der Gnaden
Aus der Erde kühlem Saft.

Wanderer tritt still herein;
Schmerz versteinerte die Schwelle.
Da erglänzt in reiner Helle
Auf dem Tische Brot und Wein.

TANNEN-
GEFLÜSTER

DER TANNEN-BAUM

HANS CHRISTIAN ANDERSEN

Draußen im Walde stand ein niedlicher kleiner Tannenbaum. Er hatte einen guten Platz; Sonne konnte er bekommen, Luft war genug da, und rings umher wuchsen viele größere Kameraden, sowohl Tannen, als Fichten. Der kleine Tannenbaum wünschte aber so sehnlich, größer zu werden! Er achtete nicht der warmen Sonne und der frischen Luft, er kümmerte sich nicht um die Bauernkinder, die da umhergingen und plauderten, wenn sie herausgekommen waren, um Erdbeeren und Himbeeren zu sammeln. Oft kamen sie mit einem ganzen Topf voll oder hatten Erdbeeren auf einen Strohhalm gereiht; dann setzten sie sich neben den kleinen Tannenbaum und sagten: »Nein! wie niedlich klein ist der!« Das mochte der Baum gar nicht hören.

Im folgenden Jahre war er um ein langes Glied größer, und das Jahr darauf war er um noch eins länger; denn an den Tannenbäumen kann man immer an den vielen Gliedern, die sie haben, sehen, wie viele Jahre sie gewachsen sind.

»O, wäre ich doch so ein großer Baum, wie die andern!«, seufzte das kleine Bäumchen; »dann könnte ich meine Zweige so weit umher ausbreiten und mit der Krone in die weite Welt hinausblicken! Die Vögel würden dann Nester in meinen Zweigen bauen, und wenn der Wind wehte, könnte ich so vornehm nicken, gerade wie die andern dort!«

Er hatte gar keine Freude am Sonnenschein, an den Vögeln und an den roten Wolken, die morgens und abends über ihn hinsegelten.

War es dann Winter, und der Schnee lag funkelnd weiß rings umher, so kam häufig ein Hase angesprungen und setzte gera-

de über den kleinen Baum weg – o, das war ihm so ärgerlich! – Aber zwei Winter vergingen, und im dritten war das Bäumchen so groß, daß der Hase um dasselbe herumlaufen mußte. O, wachsen, wachsen, groß und alt werden: das ist doch das einzig Schöne in dieser Welt, dachte der Baum.
Im Herbste kamen immer Holzhauer und fällten einige der größten Bäume; das geschah jedes Jahr, und der junge Tannenbaum, der nun ganz gut gewachsen war, schauderte dabei; denn die großen, prächtigen Bäume fielen mit Knacken und Krachen zur Erde, die Zweige wurden ihnen abgehauen; die Bäume sahen ganz nackt, lang und schmal aus; sie waren fast nicht mehr zu erkennen. Aber dann wurden sie auf Wagen gelegt, und Pferde zogen sie davon, aus dem Walde hinaus. Wo sollten sie hin? Was stand ihnen bevor?
Im Frühjahr, als die Schwalben und Störche kamen, fragte der Baum sie: »Wisst Ihr nicht, wohin sie geführt wurden? Seid Ihr ihnen nicht begegnet?«
Die Schwalben wussten nichts, aber der Storch sah nachdenklich aus, nickte mit dem Kopfe und sagte: »Ja, ich glaube wohl! Mir begegneten viele neue Schiffe, als ich aus Ägypten flog; auf den Schiffen waren prächtige Mastbäume; ich darf annehmen, dass sie es waren; sie hatten Tannengeruch; ich kann vielmals grüßen; die prangen, die prangen!«
»O, wäre ich doch auch groß genug, um über das Meer hinfahren zu können! Wie ist das eigentlich, dieses Meer, und wie sieht es aus?«
»Ja, das zu erklären, ist zu weitläufig«, sagte der Storch, und damit ging er fort.
»Freue Dich Deiner Jugend!«, sagten die Sonnenstrahlen; »freue Dich Deines frischen Wachstums, des jungen Lebens, das in Dir ist!«
Und der Wind küsste den Baum, und der Tau weinte Tränen über ihn; aber das verstand der Tannenbaum nicht.
Wenn es gegen die Weihnachtszeit ging, wurden ganz junge Bäume gefällt, Bäume, die oft nicht einmal so groß oder gleichen Alters mit diesem Tannenbaum waren, der weder Ruhe noch Rast hatte, sondern immer davon wollte. Diese jungen Bäume, und es waren gerade die allerschönsten, behielten im-

mer alle ihre Zweige; sie wurden auf Wagen gelegt, und Pferde zogen sie davon, aus dem Walde hinaus.
»Wohin sollen die?«, fragte der Tannenbaum. »Sie sind nicht größer, als ich, vielmehr war einer da, der war viel kleiner! Weshalb behalten sie alle ihre Zweige? Wo fahren sie hin?«
»Das wissen wir! das wissen wir!«, zwitscherten die Sperlinge. »Unten in der Stadt haben wir in die Fenster gesehen! Wir wissen, wohin sie fahren! O, sie gelangen zur größten Pracht und Herrlichkeit, die man nur denken kann! Wir haben in die Fenster gesehen und haben wahrgenommen, dass sie mitten in der warmen Stube aufgepflanzt und mit den schönsten Sachen, vergoldeten Äpfeln, Honigkuchen, Spielzeug und vielen Hunderten von Lichtern geschmückt werden.«
»Und dann –?«, fragte der Tannenbaum und bebte in allen Zweigen. »Und dann? Was geschieht dann?«
»Ja, mehr haben wir nicht gesehen! Das war unvergleichlich.«
»Ob ich wohl auch bestimmt bin, diesen strahlenden Weg zu betreten?«, jubelte der Tannenbaum. »Das ist noch besser, als über das Meer zu ziehen! Wie leide ich an Sehnsucht! Wäre es doch Weihnachten! Nun bin ich groß und ausgewachsen, wie die andern, die im vorigen Jahre weggeführt wurden! – O, wäre ich erst auf dem Wagen! Wäre ich doch in der warmen Stube mit aller Pracht und Herrlichkeit! Und dann –? Ja dann kommt noch etwas Besseres, noch weit Schöneres, weshalb würden sie mich sonst so schmücken! Es muss noch etwas Größeres, noch etwas Herrlicheres kommen –! Aber was? O, ich leide! ich sehne mich! ich weiß selbst nicht, wie mir ist!«
»Freue Dich unser!«, sagten die Luft und das Sonnenlicht; »freue Dich Deiner frischen Jugend im Freien!«
Aber er freute sich durchaus nicht und wuchs und wuchs; Winter und Sommer stand er grün, dunkelgrün stand er da; die Leute, die ihn sahen, sagten: »Das ist ein schöner Baum!« Und zur Weihnachtszeit wurde er vor Allen zuerst gefällt. Die Axt hieb tief durch das Mark; der Baum fiel mit einem Seufzer zu Boden; er fühlte einen Schmerz, eine Ohnmacht; er konnte gar nicht an irgendein Glück denken, er war betrübt, von der Heimat scheiden zu müssen, von dem Flecke, auf dem er emporgeschossen war; er wusste ja, dass er die lieben alten Kamera-

den, die kleinen Büsche und Blumen rings umher, nie mehr sehen würde, ja vielleicht nicht einmal die Vögel. Die Abreise war durchaus nicht angenehm.
Der Baum kam erst wieder zu sich selbst, als er, im Hofe mit andern Bäumen abgepackt, einen Mann sagen hörte: »Dieser hier ist prächtig! Wir brauchen nur diesen!«
Nun kamen zwei Diener in vollem Putz und trugen den Tannenbaum in einen großen, schönen Saal. Rings herum an den Wänden hingen Bilder, und neben dem großen Kachelofen standen große chinesische Vasen mit Löwen auf den Deckeln; da gab es Schaukelstühle, seidene Sofas, große Tische voller Bilderbücher, und Spielzeug für hundertmal hundert Taler – wenigstens sagten das die Kinder. Und der Tannenbaum wurde in ein großes mit Sand gefülltes Fass gestellt; aber niemand konnte sehen, dass es ein Fass war, denn es wurde rund herum mit grünem Zeug behängt und stand auf einem großen bunten Teppich. O, wie der Baum bebte! Was wird nun wohl vorgehen? Sowohl die Diener, als die Fräulein schmückten ihn. An einen Zweig hängten sie kleine Netze, ausgeschnitten aus farbigem Papier; jedes Netz war mit Zuckerwerk gefüllt; vergoldete Äpfel und Walnüsse hingen herab, als wären sie festgewachsen, und über hundert rote, blaue und weiße Lichterchen wurden in den Zweigen festgesteckt. Puppen, die leibhaftig wie Menschen aussahen – der Baum hatte früher nie solche gesehen – schwebten im Grünen, und hoch oben auf der Spitze wurde ein Stern von Flittergold befestigt; das war prächtig, ganz außerordentlich prächtig.
»Heut Abend«, sagten alle, »heut Abend wird es strahlen!«
»O!«, dachte der Baum, »wäre es doch Abend! Würden nur die Lichter bald angezündet! Und was dann wohl geschieht? Ob da wohl Bäume aus dem Walde kommen, mich zu sehen? Ob die Sperlinge gegen die Fensterscheiben fliegen? Ob ich hier festwachse und Winter und Sommer geschmückt stehen werde?«
Ja, er riet nicht übel! Aber er hatte ordentlich Borkenschmerzen vor lauter Sehnsucht, und Borkenschmerzen sind für einen Baum eben so schlimm, wie Kopfschmerzen für uns andere.
Nun wurden die Lichter angezündet. Welcher Glanz! Welche Pracht! Der Baum bebte dabei in allen Zweigen so, dass eins der

Lichter das Grüne anbrannte; es sengte ordentlich.
»Gott bewahre uns!«, schrien die Fräulein und löschten es hastig aus.
Nun durfte der Baum nicht einmal beben. O, das war ein Grauen! Ihm war so bange, etwas von seinem Schmuck zu verlieren; er war ganz betäubt von all dem Glanze. – Und nun gingen beide Flügeltüren auf – und eine Menge Kinder stürzten herein, als wollten sie den ganzen Baum umwerfen; die ältern Leute kamen bedächtig nach. Die Kleinen standen ganz stumm – aber nur einen Augenblick, dann jubelten sie wieder, dass es nur so schallte; sie tanzten um den Baum herum, und ein Geschenk nach dem andern wurde abgepflückt.
»Was machen sie?«, dachte der Baum. »Was soll geschehen?«
Und die Lichter brannten bis dicht an die Zweige herunter, und jenachdem sie niederbrannten, wurden sie ausgelöscht, und dann erhielten die Kinder die Erlaubnis, den Baum zu plündern. O, sie stürzten auf ihn ein, dass es in allen Zweigen knackte; wäre er nicht mit der Spitze und mit dem Goldsterne an der Decke befestigt gewesen, so wäre er umgestürzt.
Die Kinder tanzten mit ihrem prächtigen Spielzeug herum, niemand sah nach dem Baume, ausgenommen das alte Kindermädchen, welches kam und zwischen die Zweige blickte, aber nur, um zu sehen, ob nicht noch eine Feige oder ein Apfel vergessen worden wäre.
»Eine Geschichte, eine Geschichte!« riefen die Kinder und zogen einen kleinen dicken Mann zu dem Baume hin; und er setzte sich gerade unter denselben, »denn da sind wir im Grünen,« sagte er, »und der Baum kann besondern Nutzen davon haben, zuzuhören! Aber ich erzähle nur eine Geschichte. Wollt Ihr die von Ivede-Avede oder die von Klumpe-Dumpe hören, der die Treppen herunterfiel und doch zu Ehren kam und die Prinzessin erhielt?«
»Ivede-Avede!« schrien einige, »Klumpe-Dumpe!« schrien andere; das war ein Rufen und Schreien! Nur der Tannenbaum schwieg ganz stille und dachte: »Komme ich gar nicht mit, werde ich nichts dabei zu tun haben?« Er war ja mit gewesen, hatte ja geleistet, was er sollte.
Und der Mann erzählte von »Klumpe-Dumpe«, welcher die

Treppen herunterfiel und doch zu Ehren kam und die Prinzessin erhielt. Und die Kinder klatschten in die Hände und riefen: »Erzähle! erzähle!« Sie wollten auch die Geschichte von Ivede-Avede hören, aber sie bekamen nur die von Klumpe-Dumpe. Der Tannenbaum stand ganz stumm und gedankenvoll; nie hatten die Vögel im Walde dergleichen erzählt. »Klumpe-Dumpe fiel die Treppen herunter und bekam doch die Prinzessin! Ja, ja, so geht es in der Welt zu!«, dachte der Tannenbaum und glaubte, dass es wahr sei, weil es ein so netter Mann war, der es erzählte. »Ja, ja! wer kann es wissen! Vielleicht falle ich auch die Treppe herunter und bekomme eine Prinzessin.« Und er freute sich darauf, den nächsten Tag wieder mit Lichtern und Spielzeug, Gold und Früchten angeputzt zu werden.

»Morgen werde ich nicht zittern!«, dachte er. »Ich will mich recht aller meiner Herrlichkeit freuen. Morgen werde ich wieder die Geschichte von Klumpe-Dumpe und vielleicht auch die von Ivede-Avede hören.« Und der Baum stand die ganze Nacht still und gedankenvoll.

Am Morgen kamen der Diener und das Mädchen herein.

»Nun beginnt der Schmuck aufs Neue!«, dachte der Baum. Aber sie schleppten ihn zum Zimmer hinaus, die Treppe hinan, auf den Boden, und hier, in einem dunkeln Winkel, wo kein Tageslicht hinschien, stellten sie ihn hin. »Was soll das bedeuten?«, dachte der Baum. »Was soll ich hier wohl machen? Was mag ich hier wohl hören sollen?« Und er lehnte sich an die Mauer und dachte und dachte. – Und er hatte Zeit genug, denn es vergingen Tage und Nächte: Niemand kam herauf; und als endlich jemand kam, so geschah es, um einige große Kasten in den Winkel zu stellen. Nun stand der Baum ganz versteckt; man musste glauben, dass er völlig vergessen war.

»Jetzt ist es Winter draußen!«, dachte der Baum. »Die Erde ist hart und mit Schnee bedeckt, die Menschen können mich nicht pflanzen; deshalb soll ich wohl bis zum Frühjahr hier in Schutz stehen! Wie wohlbedacht das ist! Wie die Menschen doch so gut sind! – Wäre es hier nur nicht so dunkel und so erschrecklich einsam! – Nicht einmal ein kleiner Hase! – Das war doch so niedlich da draußen im Walde, wenn der Schnee lag und der Hase sprang vorbei; ja, selbst als er über mich hinwegsprang; aber damals konnte ich es nicht leiden. Hier oben ist es doch schrecklich einsam!«

»Pip, pip!«, sagte da eine kleine Maus und huschte hervor; und dann kam noch eine kleine. Sie beschnüffelten den Tannenbaum und dann schlüpften sie zwischen seine Zweige.

»Es ist eine gräuliche Kälte!«, sagten die kleinen Mäuse. »Sonst ist es hier gut sein! Nicht wahr, Du alter Tannenbaum?«

»Ich bin gar nicht alt!«, sagte der Tannenbaum; »es gibt viele, die weit älter sind, als ich!«

»Wo kommst Du her?«, fragten die Mäuse, »und was weißt Du?« Sie waren so gewaltig neugierig. »Erzähle uns doch von dem schönsten Ort auf Erden! Bist Du dort gewesen? Bist Du in der Speisekammer gewesen, wo Käse auf den Brettern liegen und Schinken unter der Decke hängen, wo man auf Talglicht tanzt, mager hineingeht und fett heraus kommt?«

»Das kenne ich nicht!«, sagte der Baum. »Aber den Wald kenne ich, wo die Sonne scheint und wo die Vögel singen!« Und dann erzählte er alles aus seiner Jugend, und die kleinen Mäuse hatten früher dergleichen nie gehört und sie horchten auf und sagten: »Nein, wie viel Du gesehen hast! Wie glücklich Du gewesen bist!«

»Ich?«, sagte der Tannenbaum und dachte über das, was er selbst erzählte, nach. »Ja, es waren im Grunde ganz fröhliche Zeiten!« – Aber dann erzählte er vom Weihnachtsabend, wo er mit Kuchen und Lichtern geschmückt war.

»O!«, sagten die kleinen Mäuse, »wie glücklich Du gewesen bist, Du alter Tannenbaum!«

»Ich bin gar nicht alt!«, sagte der Baum. »Erst diesen Winter bin ich vom Walde gekommen! Ich bin nur so im Wachstum zurückgeblieben.«

»Wie schön Du erzählst!«, sagten die kleinen Mäuse. Und in der nächsten Nacht kamen sie mit vier andern kleinen Mäusen, die den Baum erzählen hören sollten, und je mehr er erzählte, desto deutlicher erinnerte er sich selbst an alles und dachte: »Es waren doch ganz fröhliche Zeiten! Aber sie können wieder kommen; Klumpe-Dumpe fiel die Treppen herunter und erhielt doch die Prinzessin; vielleicht kann ich auch eine Prinzessin bekommen!« Und dann dachte der Tannenbaum an eine

kleine, niedliche Birke, die draußen im Walde wuchs; das war für den Tannenbaum eine wirkliche, schöne Prinzessin.
»Wer ist Klumpe-Dumpe?« fragten die kleinen Mäuse. Und dann erzählte der Tannenbaum das ganze Märchen; er konnte sich jedes einzelnen Wortes entsinnen; und die kleinen Mäuse waren nahe daran, aus reiner Freude bis in die Spitze des Baumes zu springen. In der folgenden Nacht kamen weit mehr Mäuse, und am Sonntage sogar zwei Ratten; aber die meinten, die Geschichte sei nicht hübsch, und das betrübte die kleinen Mäuse, denn nun hielten sie auch weniger davon.
»Wissen Sie nur die eine Geschichte?«, fragten die Ratten.
»Nur die eine!«, sagte der Baum; »die hörte ich an meinem glücklichsten Abend; damals dachte ich nicht daran, wie glücklich ich war.«
»Das ist eine höchst jämmerliche Geschichte! Wissen Sie keine von Speck und Talglicht? Keine Speisekammer-Geschichte?«
»Nein!«, sagte der Baum.
»Dann danken wir dafür!«, erwiderten die Ratten und gingen zu den Ihrigen zurück.
Die kleinen Mäuse blieben zuletzt auch weg, und da seufzte der Baum: »Es war doch ganz hübsch, als sie um mich herumsaßen, die beweglichen kleinen Mäuse, und zuhörten, wie ich erzählte! Nun ist auch das vorbei! – Aber ich werde daran denken, mich zu freuen, wenn ich wieder hervorgenommen werde!«
Aber wann geschah das? – Ja! es war eines Morgens, da kamen Leute und wirtschafteten auf dem Boden; die Kasten wurden weggesetzt, der Baum wurde hervorgezogen; sie warfen ihn freilich ziemlich hart gegen den Fußboden, aber ein Diener schleppte ihn sogleich nach der Treppe hin, wo der Tag leuchtete.
»Nun beginnt das Leben wieder!«, dachte der Baum; er fühlte die frische Luft, die ersten Sonnenstrahlen und – nun war er draußen im Hofe. Alles ging so geschwind; der Baum vergaß völlig, sich selbst zu betrachten; da war so vieles rings umher zu sehen. Der Hof stieß an einen Garten, und alles blühte darin; die Rosen hingen so frisch und duftend über das kleine Gitter heraus, die Lindenbäume blühten, und die Schwalben flogen umher und sagten: »Quirre-virre-vit, mein Mann ist kommen!«

Aber es war nicht der Tannenbaum, den sie meinten.
»Nun werde ich leben!«, jubelte dieser und breitete seine Zweige weit aus: aber ach, die waren alle vertrocknet und gelb; und er lag da im Winkel zwischen Unkraut und Nesseln. Der Stern von Goldpapier saß noch oben in der Spitze und glänzte im hellen Sonnenschein.
Im Hofe selbst spielten ein paar der muntern Kinder, die zur Weihnachtszeit den Baum umtanzt hatten und so froh über ihn gewesen waren. Eins der kleinsten lief hin und riss den Goldstern ab.
»Sieh, was da noch an dem hässlichen, alten Tannenbaum sitzt!«, sagte es und trat auf die Zweige, sodass sie unter seinen Stiefeln knackten.
Und der Baum sah auf all die Blumenpracht und Frische im Garten; er betrachtete sich selbst und wünschte, dass er in seinem dunkeln Winkel auf dem Boden geblieben wäre; er gedachte seiner frischen Jugend im Walde, des lustigen Weihnachtsabends und der kleinen Mäuse, die so munter die Geschichte von Klumpe-Dumpe angehört hatten.
»Vorbei! vorbei!«, sagte der alte Baum. »Hätte ich mich doch gefreut, als ich es noch konnte! Vorbei! vorbei!«
Und der Knecht kam und hieb den Baum in kleine Stücke; ein ganzes Bündel lag da; hell flackerte es auf unter dem großen Braukessel; und er seufzte so tief, und jeder Seufzer war einem kleinen Schusse gleich; deshalb liefen die Kinder, die da spielten, herbei und setzten sich vor das Feuer, blickten in dasselbe hinein und riefen: »Piff! Piff!« Aber bei jedem Knalle, der ein tiefer Seufzer war, dachte der Baum an einen Sommertag im Walde, oder eine Winternacht da draußen, wenn die Sterne funkelten; er dachte an den Weihnachtsabend und an Klumpe-Dumpe, das einzige Märchen, welches er gehört hatte und zu erzählen wusste, und dann war der Baum verbrannt.
Die Knaben spielten im Garten, und der kleinste hatte den Goldstern auf der Brust, den der Baum an seinem glücklichsten Abend getragen; nun war der vorbei, und mit dem Baume war es vorbei und mit der Geschichte auch; vorbei, vorbei – und so geht es mit allen Geschichten!

DEZEMBER

JOHANNES BOBROWSKI

Schon steht der Stern
allnächtlich überm Dachfirst. Bimmelnd
fährt Niklas' vollbepackte Schimmelfuhre
durch alle Kinderträume.

Heut haben
wir beide nach dem schönsten Tannenbaum
im Wald gesucht.
Besser war meiner, voller –
und ich kenn' ihn
schon lang, vom Sommer her, doch
daß du recht behältst,
Elise, deiner ist
gewiß viel schöner!

Er wird geschlagen
und nach Haus genommen.
Nun steht er vor dem Fenster ein paar Tage,
Schnee glitzert an den Zweigen.
Ach, Elise,
(du sollst's nicht hören)
besser war der meine, –
– doch schöner ist's:
mit dir im Frieden zu leben.

DER TANNENBAUM

GUSTAV HEINRICH GANS ZU PUTLITZ

»Warum knarrte denn der Tannenbaum, als das Gänseblümchen erzählte, der Winter sei böse und könne die Blumen nicht leiden?«, fragte die Linde.
»Weil er sich ärgerte«, erwiderte die Eiche; »wenn er sich ärgert, knarrt er. Hast du das noch nicht gehört? Wenn der Wind kommt und durch den Wald braust, dann ruft er uns Bäumen zu: ›Beugt euch!‹ Aber der Tannenbaum sagt: ›Steht fest!‹ Und wenn die Bäume des Waldes dann doch Furcht haben und dem Winde ihr Kompliment machen, so bleibt der Tannenbaum ganz steif stehen, dreht sich nur mißbilligend und knarrt, weil er sich ärgert.«
»Was hat das nun mit dem Winter und dem Gänseblümchen zu tun?«, sagte die Linde.
»Frag' ihn doch, frag' ihn doch!«, plapperte die Pappel. »Du wirst ja hören, was er sagt; er gibt oft spitze Antworten.« Aber die Linde war doch neugierig. Wer kann's ihr verdenken? Wenn man jahraus jahrein aus demselben Fleck steht, läßt man sich nicht gern eine Geschichte entgehen, aus Furcht, eine spitze Antwort zu erhalten. Wird's zu spitz, so schüttelt man sich's ab, und das können die Bäume auch. Die Linde war aber klug und besann sich auf einen passenden Anfang.
»Tannenbaum«, sagte sie, »wie kommt's, daß du immer dasselbe Kleid trägst, Winter und Sommer, in kalten wie in warmen Tagen?«
»Weil ich nicht eitel bin und immer etwas Neues haben muß, wie ihr«, antwortete der Tannenbaum.
»Da hast du's, steck's ein«, sagte die Pappel.
Unrecht hatte der Tannenbaum aber doch; das war nicht der Grund, denn am Ende konnte er nichts gegen seine Natur.

Doch die Menschen machen's auch nicht besser und rechnen sich's immer als besondere Tugend an, was in ihrer Natur liegt. Wer keinen Sinn für Putz hat, schmäht auf die Eiteln; ja es gibt Leute, die auf die Poesie schelten, weil sie keine Empfänglichkeit dafür besitzen, und die haben noch mehr unrecht als der Tannenbaum. Die Linde hätte die Antwort auch beinahe übelgenommen und sich mit dem Tannenbaum nicht wieder abgegeben, aber dazu war sie zu neugierig, und das war gut; denn einerseits hilft das Maulen nichts, andererseits hätte sie dann nicht die Geschichte vom Winter erfahren, und wir auch nicht. Die Linde murmelte also etwas in sich hinein, dann wandte sie sich aber wieder zum unfreundlichen Nachbar und sagte: »Du könntest uns doch wohl etwas von dem Winter erzählen; du kennst ihn ja, und wie es heißt, hast du ihn lieb. Wir anderen, wir wissen nichts von ihm; denn wir schlafen, wenn er kommt, du aber wächst und erzählst dir die lange, lange Zeit etwas mit ihm.«

Der Tannenbaum schwieg eine Weile, und alle Bäume lauschten begierig, was wohl daraus würde; nur die Weide sagte: »Linde, du hast Courage, gibst dich mit dem ab!«

Endlich erwiderte der Tannenbaum: »Laßt mich zufrieden, und wenn du von dem Winter etwas wissen willst, so bleib' wach. Wer etwas wissen will, darf nicht die Zeit verschlafen.«

Jetzt wäre die Unterhaltung aus gewesen, wenn nicht die Eiche sich ins Mittel geschlagen hätte. Die stand nun sehr in Ansehen unter den Bäumen des Waldes, weil sie die älteste und die stärkste war. Wer weiß, ob ihr ersteres Respekt gegeben hätte, wenn nicht letzteres dazu gekommen wäre! »Tannenbaum«, sagte sie, »du scheinst ein unfreundlicher Gesell, aber du bist nicht so böse und kehrst nur immer deine rauhe Seite nach außen. Ich kenne dich besser: denn ich sah dich schon, als du kaum ein Jahr zähltest und erst einen grünen Sproß getan hattest. Aber warum bist du barsch gegen deine Gefährten? Hat uns nicht ein Boden erzeugt? Umarmen sich nicht unsere Wurzeln in der Tiefe, wie unsere Zweige in der Höhe? Trotzen wir nicht gemeinsam Gefahren, denen wir einzeln nicht widerstehen könnten? Es ist nicht gut, sich abzusondern, noch dazu um so nichtige Dinge. Weil jene sich mit Blättern schmücken und du mit Nadeln, weil deine Rinde vielleicht rauher ist als die der Buche, darum willst du dich abschließen, unfreundlich scheinen, was du nicht bist? Nicht doch, erzähle deinen Gefährten; sei jetzt am guten Tage mit ihnen froh, da du doch in schwerer Zeit mit ihnen zusammenhalten mußt.«

Das waren ernste Worte; die Tanne nahm sie sich zu Herzen, mancher andere könnte es auch noch! Tannenbaum besann sich, dann erzählte er: »Ihr wollt von dem Winter hören? Nun, wohlan! Legt euer Vorurteil ab gegen ihn; denn ich weiß, ihr mögt ihn nicht leiden. Glaubt nicht, daß ich parteiisch bin, weil er mein Freund ist; ich bin nur wahr, weil ich ihn kenne. Aber zur Sache! Als Gott der Herr die Welt erschaffen hatte, als die Blumen prangten auf dem Felde und die Bäume im Walde, rief er die Jahreszeiten und sprach: ›Seht meine Welt, wie schön sie ist! Euch übergebe ich sie; teilt euch in Blumen und Bäume, aber liebt und pflegt sie auch.‹ Da waren die Jahreszeiten sehr glücklich und schwelgten mit den Kindern der Natur. Das ging eine kurze Weile, aber da fing hier und da eine Uneinigkeit an, sich zwischen ihnen zu bilden. Der kecke unstete Frühling konnte sich mit dem langsam bedächtigen Winter nicht vertragen; der glühende Sommer fand den Herbst phlegmatisch; der Herbst schalt den Frühling, daß er die Blumen verzöge; kurz, der Streit wurde immer heftiger, und Blumen und Bäume standen sich am schlechtesten dabei. Da sagte der Herbst: ›Das geht nicht länger; gemeinsam können wir uns nicht vertragen, kommt her und laßt uns teilen.‹ Und so geschah es. Die Jahreszeiten teilten die Erde. An den beiden Polen baute sich der Winter sein Haus; mitten um die Erde schlang sich der Sommer, und Frühling und Herbst schufen sich dazwischen ihr Reich. Daß es nicht ganz bei dieser Teilung blieb, werdet ihr später erfahren; aber fast ist es noch so, und der Winter wohnt noch in seinem alten Hause.«

»Woher weißt du denn das?«, fragte die Linde.

»Mein Vetter hat mir's erzählt, der ihn einmal dort besuchte.«

»Gebt acht, der lügt uns was vor«, flüsterte die Pappel dem Nachbar zu.

»Wie konnte dein Vetter ihn besuchen?«, fragte die Linde. »Muß er nicht so feststehen wie wir?«

»Das ging so zu«, erwiderte der Tannenbaum. »Es kamen einmal kühne, unternehmende Männer und suchten Holz aus, um ein Schiff zu bauen. Mein Vetter, ein schlanker, hoher Tannenbaum, stand recht stolz unter den übrigen Bäumen des Waldes. Kaum hatten sie ihn erspäht, so wurde er gefällt, und sie machten ihn zum Mastbaum. Nun ging's in die See. Meinem Vetter gaben die Seeleute ein großes Tuch um und sagten: ›Halt's fest!‹ Auf seine Spitze aber pflanzten sie einen bunten, weit schimmernden Wimpel. Der Vetter war ganz lustig auf der Reise und versah seine Pflicht wohl, und wenn der Wind kam und ihm das Tuch wegnehmen wollte, hielt er es fest und beugte sich nicht; darum ehrten ihn auch die Schiffsleute vor allen Hölzern des Schiffs. Die Fahrt ging immer nach Norden, und siehe da, auf einmal kamen sie an das Haus des Winters. Das Haus sah zwar einfach, aber mächtig aus, und als das Schiff anklopfte, trat der Winter heraus, ganz verwundert über den seltenen Besuch. Zugleich aber fiel ihm ein, daß, wenn er kommt, er oft sehr wenig freundlich aufgenommen wird; er fühlte sich also auch nicht zur Gastfreundschaft angeregt und schüttelte sein Haupt, daß die weißen Flocken nur so herumstoben. Da gewahrte er meinen Vetter, und da er uns Tannenbäumen ganz besonders gewogen ist, wurde er gleich freundlich, und nun ging's ans Plaudern. Da wollte er wissen, wie's jedem einzelnen von seinen Brüdern erginge, und als der Mastbaum alles berichtet hatte, fing auch er an, zu erzählen, lauter wunderbare Geschichten, und was ihr jetzt von mir hört, ist eine davon. Die Geschichten nahmen gar kein Ende, und der alte Herr war so glücklich in seinen Erinnerungen, die er nun alle auskramte, daß er das Schiff nicht wieder fortlassen wollte und sich mit festen Armen um dasselbe legte. Mein Vetter kann gar nicht genug sagen, wie schön das war; aber je besser er sich befand, desto schlechter ging es der Schiffsmannschaft. Eines Morgens hörte er, daß sie untereinander berieten. ›Unser Holz ist verbrannt, unsere Speisevorräte gehen zu Ende‹, sagte der Steuermann, ›und wenn das Eis nicht bald aufgeht, so müssen wir jämmerlich umkommen; laßt uns den Mastbaum zerhauen und verbrennen, das wird uns wenigstens eine Zeitlang hinhalten.‹«

»Als mein Vetter das hörte, lag er dem Winter mit Bitten an, das Schiff freizulassen, und der Winter erhörte ihn, um seinen Liebling zu retten, was er den Menschen zu Gefallen nicht getan hätte. Er ließ das Eis aufgehen, und das Schiff mit seiner Mannschaft kam glücklich wieder in seine Heimat zurück.« – »Das war gut!«, riefen die Bäume einstimmig. »Aber nun laßt mich wieder auf meine Geschichte zurückkommen«, nahm der Tannenbaum das Wort. »Die Erde war also eingeteilt, und die Jahreszeiten hatten jede ihr eigenes Reich. So wäre es nun auch wohl geblieben, wenn nicht der Frühling in seiner unbeständigen Art wieder eine Änderung hervorgerufen hätte. Dem gefiel es nicht, immer an derselben Stelle zu bleiben; er rief die Jahreszeiten zusammen und machte ihnen folgenden Vorschlag: ›Laßt uns anders teilen‹, sagte er, ›und, da uns ja die Erde gemeinsam gehört, nicht auf einen Raum angewiesen bleiben. Jeder von uns soll eine bestimmte Zeit haben, wo er die ganze Erde besitzt, wo er allein zu herrschen hat.‹ – ›Ich bin's zufrieden‹, sagte der Sommer, ›wenn ich nur den Gürtel der Erde für mich behalte.‹ – ›Und ich meine Pole‹, sprach der Winter. – Der leichtsinnige Frühling willigte in alles, wenn er nur seinen Zweck erreichte, und der Herbst hoffte darauf, sich auf andere Weise zu entschädigen. So war der Vertrag geschlossen, und der Frühling wollte schon sein Reich antreten, da sprach der bedächtige Winter: ›Aber damit nicht einer alles Schöne der Erde für sich nimmt, laßt uns auch das teilen.‹
›Gut‹, sagte der Frühling, ›ich nehme die Knospen!‹
›Mir gehören die Blüten!‹, sprach der Sommer. ›Die Früchte sind mein!‹, rief der habsüchtige Herbst, – ›und die Blätter der Bäume soll der Winter behalten.‹
»Der Winter hatte nichts dagegen; der Vertrag war geschlossen, und der Frühling begann sein Reich. An Baum und Blumen küßte er die Knospen hervor, und alles lächelte ihn an. Als nun die Knospen brachen, als tausend Farben an Blatt und Blumen hervorglänzten, nahm der Sommer den Thron der Erde ein. Aber da fing gleich die Ordnung an zu wanken; denn der Herbst, der immer auf seinen Vorteil bedacht war, schloß einen besonderen Vertrag mit dem Sommer. Der Sommer mußte ihm Blumen lassen, er gab ihm Früchte dafür; doch, wie

man sagt, soll er nicht zu kurz gekommen sein und das Beste für sich behalten haben. Nun bekam er allein die Herrschaft und sammelte mit geschäftigen Händen die Früchte ein; denn dazu hatte er ein Recht. Aber es hatte sich noch etwas anderes begeben, wodurch der arme Winter sehr betrogen wurde. Ihr erinnert euch, daß nach der Teilung die Blätter der Bäume dem Winter zugefallen waren. In der glühenden Liebeszeit aber, als da oben Blatt an Blatt hing und unten im Grase die Blumen glänzten und kokett ihre tausend Farben entfalteten, hatte ein Liebeln angefangen zwischen Blättern und Blumen. Wie so oft, begann diese Liebe mit allerlei Neckereien. Wenn die Sonne warm und glänzend auf die Blumen scheinen wollte, stellten sich die Blätter der Bäume dazwischen; aber ehe die Blumen sich's versahen, beugten sie sich ab, daß der Sonnenglanz plötzlich herniederfiel und die Kleinen da unten blendete. Die Blumen drückten die Augen zu, und die Blätter kicherten oben in den Zweigen. Oder wenn ein erquickender Regen kam, hoben die Blätter Tröpfchen auf, und wenn die Blumen dachten, alles sei vorüber, ließen sie sie herniederfallen, daß die Blumen erschraken und mit dem Kopfe schüttelten. Was zuerst nur Neckerei war, wurde bald Liebesdienst; denn die Sonne wurde heißer und heißer, und die armen zarten Blumen wären alle verdorrt, wenn die Blätter nicht wie ein Schild die feurigen Pfeile der Strahlen aufgefangen hätten. Nach diesem tieferen Ernst der Neigung waren ihnen auch die Neckereien nicht mehr genug, und sie suchten nach einem Mittel der Verbindung. Doch da oben hingen die Blätter, und die Blumen glänzten im Grase. Die Liebe weiß immer Wege zu finden. Es hatten auch Blätter und Blumen bald einen Boten gewählt, der ihnen die Seufzer und Schwüre herauf und hernieder trüge, – den Efeu. Unten bei den Blumen war er entsprossen und schlang sich, ein grüner Kranz, zu den Blättern der Bäume empor, Blatt an Blatt gedrängt, die Leiter süßer Schwüre, eine verschwiegene Liebeskette. Wer erkennt nicht diesen holden Beruf auf den ersten Blick, wen wehet es nicht aus den ewig grünen Ranken an wie verschwiegene Seufzer der schwärmenden jungen Liebe! Und die Blumen und Blätter begnügten sich mit dieser Botschaft. Da ging des Herbstes Reich zu Ende, und die letzten

Blumen wollte er pflücken auf der Flur. Die Blätter blichen hin vor Sehnsucht und lagen dem Herbst an mit inständigen Bitten, nur ein einziges Mal sie herniederzulassen zu den sterbenden Geliebten. Und der Herbst erhörte sie, obgleich er nicht das Recht dazu hatte und dem Winter vorgriff, dem allein die Herrschaft zustand über die Blätter. Der Herbst schüttelte die Bäume, und hernieder flatterten die freien Blätter zur Erde. Nun ging erst recht ein tolles Liebesleben an. Der Herbst, der seine Freude daran hatte, spielte eine wilde Weise auf; es flogen die Blätter im wirbelnden Tanze um die Blumen herum, bis diese matt und müde ihr Haupt senkten, und die Blätter bei dem letzten Liede, das der Herbst brausen ließ, sich niederlegten zum ewigen Schlummer. Da kam der Winter gezogen. Kahl und öde empfing ihn Flur und Wald. Nichts grünte ihm entgegen als wir armen Tannenbäume; denn mit unseren Nadeln hatte kein Blümchen ein Liebesgetändel anfangen wollen, und der Efeu schlang sich noch von Baum zu Baum, als wollte er dem Winter eine Ehrenpforte schmücken, und von Ast zu Ast, als wollte er die Treulosigkeit der Blätter verbergen und den Bäumen einen Schmuck leihen für das verlorene, verwehte Laub. Der Winter sah es bewegt, und während er zürnend die letzten Blätter, die wider Willen verlassen und einsam hier und da an den Zweigen hingen, herniederpeitschte und umjagte über Eis und Schnee, sprach er feierlich zu den Blättern des Efeus: ›Euch will ich schützen, euch will ich bewahren zu dem freundlichen Geschäft, das ihr euch wähltet; seid und bleibt Liebesboten, tragt verschwiegene Grüße herüber von Blume zu Blatt, vom Herbst zum Lenze; schlagt eine ewige Brücke von Jahreszeit zu Jahreszeit! Euer Beruf ist: umschlingen und vereinen; ihr, die immergrüne Erinnerung der Fluren und Wälder, ihr sollt selbst die Strenge des Winters brechen.‹«

»So sprach der Winter zum Efeu; aber uns Tannenbäumen schenkte er seine vollste Neigung und bereitete uns Ehren, deren ihr anderen Bäume nicht teilhaftig werdet.«

»Und das wäre?«, fragten verletzt die übrigen Bäume.

»Der Winter ist die Jahreszeit des Gemütes«, fuhr der Tannenbaum fort, »darum hatte er das auch beim Efeu gleich erkannt und geehrt. Die Menschen wissen das; denn zu keiner Zeit schließen sie sich enger aneinander an als gerade im Winter. So bringt er auch mit sich das gemütreiche, heilige, geheimnisvolle Weihnachtsfest; so seht ihr auch in seiner Begleitung den freundlichen Geist, den Weihnachtsmann. Die Menschen sagen: ›Der Weihnachtsmann, das ist die Liebe der Eltern, der Freunde‹; aber das ist nicht wahr. Wenn der feinen Zauber ausübt, so ist's um die Menschen geschehen. Tag und Nacht sinnt in der ersten Winterzeit die Mutter, aber nur, weil ihr der Weihnachtsmann beständig ins Ohr flüstert. Und wer um Weihnachten ausgeht, um zu kaufen, der bringt immer mehr nach Hause, als er wollte, der kürzt seinen Beutel immer mehr, als er beabsichtigte. Das sind nicht die schönen Sachen, die ihn reizen, nein, das ist der Weihnachtsmann, der überall winkt und flüstert und an dem Herzen zieht, daß die Hand sich öffnet, und immer wieder, bis er die reichste Weihnachtsfreude bereitet hat. Wir Tannenbäume, wir wissen das, denn wir stehen immer mitten dazwischen, wir sind die Weihnachtsbäume, und in den schönsten Weihnachtsjubel stellt uns der gute Weihnachtsmann in die Mitte. Wir fehlen nirgends, weder im Schloß noch in der Hütte. Mögen die Eltern noch so arm sein, ein paar Lichtchen stecken sie doch an unsere grünen Zweige für die jauchzenden Kinder. Gold und Silber hängt an uns hernieder, schimmernde Früchte tragen wir, und die Kinder schlagen vor uns in die Hände; denn wenn alles andere auch noch so schön ist, der Weihnachtsbaum bleibt das Schönste, – ihn hat der Weihnachtsmann in seinen eigentümlichsten, wunderbarsten Zauber eingehüllt. Vielleicht lieben die Kinder den Weihnachtsbaum so sehr, weil er selbst ist wie ein reiches Kindergemüt. Um die grünen Zweige der Hoffnung schlingen sich allerlei glänzende Bilder; reich und golden steht er da, geheimnisvoll und unerklärt. Aber ein glänzendes Bild nach dem anderen fällt ab; das Gold war Schaum, die Hoffnungen welken, das Geheimnis löst sich; mit dem letzten Flitter, den man abnimmt, schwindet das ganze Wunder, und es ist nichts übrig als ein welker Tannenbaum. In dem Gemüt des Kindes verweht ein goldner Traum nach dem anderen; ein Geheimnis nach dem anderen, in das es sich einhüllte, löst sich; und wie ist das Leben anders, als des Kindes Gemüt es in sich trug!«

»Wenn die Flitter alle fielen, ist deine Herrlichkeit vorüber?«, fragte die Espe.
»Dann steckt man den Baum in den Kamin«, sagte die Tanne, »und da hört er oft manch schönes Märchen, das die Menschen sich erzählen, wenn sie hineinblicken in die Glut. Er hört gut zu; aber wenn etwas vorkommt, was ihm nicht gefällt, dann knackt er, daß die Funken aufspringen und die Menschen zusammenfahren am Kamin. Und wenn auch die goldenen Äpfel verzehrt sind, die Kinder blicken doch traurig aus ihrer Ecke, wenn der Weihnachtsbaum aufbrennt.
Seht ihr, das ist die Geschichte vom Winter und vom Tannenbaum. Ein andermal erzähle ich euch ein Märchen, das ein Weihnachtsbaum im Kamine gehört hat; denn die Menschen wissen auch gar schöne Geschichten.
Ja, ein andermal!«

DIE BESCHERUNG

HANNS DIETER HÜSCH

Dass mir keiner ins Schlafzimmer kommt! Alle Jahre wieder ertönt dieser obligatorische Imperativ aus dem Munde meiner Frieda, wenn es darum geht, am Heiligen Abend Pakete und Päckchen in geschmackvolles Weihnachtspapier zu schlagen, wenn es darum geht, den Rest der Familie in Schach zu halten, damit auch ja keiner einen voreiligen Blick auf die Geschenke werfen kann. Ich dagegen habe es etwas einfacher: Ich schmücke den Baum! Punkt 17.00 Uhr begebe ich mich auf die Veranda und hole den schönen Baum herein. Es ist wirklich ein schöner Baum, sagt die Frieda. Doch, sage ich, der Baum ist schön. Dann kommt die kleinere Frieda auch noch und sagt, dass der Baum schön ist. Und nachdem wir alle noch ein paarmal um den schönen Baum herumgegangen sind, sagt die Frieda: Mein Gott! Es ist ja schon halb sechs!

Und damit beginnt offiziell in allen Familien, die sich bei diesem Fest noch bürgerlicher Geheimnistuerei bedienen, der nervöse Teil der Bescherung. Deshalb stecke ich mir vorbeugend – einmal im Jahr – zunächst mal eine Zigarre an und überlege in aller Ruhe, welche formalen Prinzipien ich dieses Mal zur Ausschmückung des schönen Baumes anwende. Habe ich dann den Baum nach einigen Schnitzereien mit einem Sägemesser

glücklich in den Christbaumständer gezwängt, weiß ich auch schon, wie ich's mache:
Dieses Mal werde ich endlich dem Prinzip huldigen: Je schlichter, desto vornehmer! Zwei, drei Kugeln, vier bis fünf Kerzen, hie und da einen Silberfaden, aus! Schließlich ist das ja ein Baum und keine Hollywoodschaukel. Das soll natürlich nicht heißen, dass wir nicht genug Kugeln und Kerzen, Lametta und Engelshaar, Glöckchen und Trompetchen hätten.
Im Gegenteil. Ich könnte damit drei Bäume, Pardon, drei schöne Bäume schmücken. Und schon erhebt sich die Frage: Nur bunte Kugeln oder nur silberne? Nur weiße Kerzen oder nur rote? Engelshaar oder kein Engelshaar? Ja, was sollen meine intellektuellen Freunde denken, wenn die am 2. Feiertag zu Besuch kommen und sehen dann meinen Mischmasch aus Sentimentalität und Kunstgewerbe. In diese meine präzisen ästhetischen Überlegungen hinein platzt die Frieda mit dem Ruf: Wie weit bist du? Um sechs ist Bescherung! Das schaffe ich nicht, rufe ich zurück, ich kann ja den Baum nicht übers Knie brechen. Wir haben zu Hause, sagt die Frieda, immer um sechs Uhr die Bescherung gehabt. Wir haben die Bescherung, sage ich, immer um halb acht gehabt. Wir haben sie um sechs gehabt, sagt die Frieda. Um sechs Uhr schon Bescherung, sage ich, warum dann nicht schon gleich um vier oder im Oktober. Wir haben die Bescherung immer um halb acht gehabt, manche Leute haben ja die Bescherung erst am anderen Morgen. Und wann sollen wir essen, fragt die Frieda. Nach der Bescherung, sage ich. Also um 9.00 Uhr, sagt die Frieda, bis dahin sind wir ja verhungert. Wer hat übrigens das Marzipan gegessen, das hier auf der Truhe lag? Ich nicht, ruft die kleinere Frieda, aus der Küche. Also, sagt die Frieda, also, wenn du jetzt nicht den Baum in einer Viertelstunde fertig hast, dann könnt ihr euch eure Bescherung sonstwo hinstecken! Vielleicht fängt schon mal einer an zu singen, sage ich, desto leichter geht mir der Baum von der Hand. Und alle ästhetischen Überlegungen nun über den Haufen werfend, überschütte ich den schönen Baum mit allem, was wir haben, so dass man schließlich vor lauter Glanz und Gloria keinen Baum mehr sieht, und die Frieda kommt herein und sagt: Nun hast du's ja doch wieder so

gemacht wie im vorigen Jahr, das nächste Mal schmücke ich den Baum! Ja, sage ich, wenn ihr mir keine Zeit lasst, dann kann natürlich kein Kunstwerk entstehen. Nun steh hier mal nicht im Weg, sagt die Frieda, geh jetzt mal raus, ich muss nämlich jetzt hier die Geschenke packen und aufbauen! Ja, wo soll ich denn hingehen, frage ich, darf ich vielleicht ins Wohnzimmer? Nein, ruft da meine Schwägerin, die inzwischen eingetrudelt ist, dass mir keiner ins Wohnzimmer kommt, ich bin noch nicht fertig. Und in die Küche darf ich auch nicht, da bastelt nämlich die kleinere Frieda noch an diesen entzückenden Kringelschleifchen für jedes Päckchen herum. Die Frieda kommt aus dem Christbaumzimmer und sagt: Augen zu! Ich halte mir die Augen zu und sage: Ins Bad nur über meine Leiche, da hab ich nämlich meine Geschenke versteckt! Und so geht das die ganze nächste halbe Stunde: Dreh dich mal um, guck nur nicht unter den Teppich, wer hat den Schlüssel vom Kleiderschrank, ich brauche noch geschmackvolles Weihnachtspapier, der Klebestreifen ist alle, willst du wohl von der Tür da weggehen, such lieber mal die Streichhölzer, meine Mutter hat das alles alleine gemacht, das ist gemein, du hast geguckt, die paar Minuten wirste wohl noch warten können. Bis es dann endlich so weit ist, aber selbst dann kommt bei uns keine Ordnung zustande, dann heißt es nämlich: Wer packt zuerst aus? Du! Nein, ich nicht, zuerst das Kind, dann du. Nein, du dann. Wieso ich? Also, dann du und dann ich. Ich zuletzt, bitte. Nun werden Sie vielleicht fragen, mit Recht fragen: Wird denn bei Ihnen gar nicht gesungen, wird denn bei Ihnen nur eingepackt und ausgepackt? Doch, doch natürlich eine Strophe wird schon gesungen, aber dann fällt das Singen meist auseinander. Aber, wissen Sie, beim Einpacken und Auspacken, da sind wir alle so nervös und verlegen, dabei merkt man die Liebe und den Menschen ein Wohlgefallen viel stärker als beim Singen. Und auch der Baum, der kann dann sein, wie er will, groß oder klein, dürr oder dicht, bunt oder schlicht, die Frieda sagt dann jedesmal – auch dieses Mal wieder –: Also, der Baum, ... also, der Baum ... der Baum ist wunderschön!!!

DIE FALSCHEN WEIHNACHTS-BÄUME

CHARLOTTE NIESE

Auf unsrer Insel gab es wenig Bäume. So wenig, dass das Brennholz weither über das Wasser geholt werden musste, und dass viele der Inselbewohner niemals einen Wald gesehen hatten. Auch die Tannenbäume waren ein seltner Artikel, was uns als Kinder immer sehr aufregte. Denn wenn es gegen die Weihnachtszeit ging, tauchten immer wieder die Zweifel auf, ob wir wohl einen wirklichen oder einen falschen Tannenbaum am Heiligen Abend bekämen. Einen wirklichen Tannenbaum, der im Walde gewachsen war, und in dessen Zweigen die Vögel gesungen hatten, oder einen falschen, der in der Werkstatt des Meister Ahrens das Licht der Welt erblickt hatte.
Meister Ahrens war unser Tischler. Er sah alt aus und hatte einen sehr kahlen Kopf, aber wir hatten ihn gern, besonders wenn er nicht immer von seinem guten Herzen sprach. Das langweilte uns, weil wir es eigentlich für selbstverständlich hielten, dass man ein gutes Herz haben müsse.
Ahrens kam oft zu uns. In unsrer Kinderstube ging aller Augenblicke etwas auseinander, was eigentlich zusammengehörte, und Meister Ahrens erschien dann mit seinem Leimtopf, sagte, er hätte ein gutes Herz, und klebte alles wieder zusammen. Wir halfen ihm natürlich und drängten uns um die Ehre, in seinem klebrigen Topf dreimal herumrühren zu dürfen; aber seine Tannenbäume konnten wir nicht leiden. Das kam wahrscheinlich daher, weil wir sie schon so lange vorher sahen. Schon im Frühjahr arbeitete Ahrens an langen weißen Stö-

cken, in die er Löcher bohrte; im August und September malte er diese Stöcke mit grasgrüner Ölfarbe an und trocknete sie vor seiner Haustür. Später sahen wir sie zusammengebunden in seiner Werkstatt liegen, bis der Dezember ins Land zog. Dann verschaffte er sich Tannenzweige, steckte diese in die Löcher der grünen Stöcke und betrieb einen schwunghaften Handel mit Tannenbäumen. Auch uns bot er immer von seinem Fabrikat an, aber obgleich wir nicht leugnen konnten, dass seine Bäume schließlich sehr nett aussahen, so verhielten wir uns meist ablehnend. »Sie sind so billig«, sagte Ahrens eines Tages zu uns, als wir ihn einer Bestellung wegen in seiner Werkstatt besuchten, und er gerade einen grünen Stock etwas nachmalte.

»Wir wollen sie doch nicht!«, erwiderte mein Bruder Jürgen, der in seinen Aussprüchen oft sehr bestimmt war. »Ich mag keinen falschen Tannenbaum!«

»Falsch! Du lieber Gott, wasn Wort!« Ahrens sah beleidigt aus. »Da is nich die geringste Falschheit bei! Meine Tannenbäumens sind feiner als die natürlichen, kann ich dich sagen, mein Junge! An die natürlichen is oft Smutz und Erde, und bei mich is bloß die reine Ölfarbe!«

»Wo bekommst du eigentlich die Tannenzweige her?«, fragten wir.

Der alte Tischler machte ein wichtiges Gesicht. »Aus ,n Wald, aus ,n richtigen Tannwald, wo die Vögelns singen, und wo so viel Bäumens stehn, daß man mannichmal keine Luft kriegen kann!«

»Wo liegt der Wald, und wer holt dir die Tannenzweige?«

Wir waren dem Tischler doch näher gerückt und sahen ihn gespannt an. Aber er zuckte die Achseln. »Ja, das möcht ihr wohl wissen! Das sag ich abersten nich – nee, das sag ich nich!«

Auf diese Art umgab Meister Ahrens seine Bäume mit dem Nimbus des Geheimnisvollen, und dadurch gewannen sie natürlich in unsern Augen.

Es war schon ziemlich nahe vor Weihnachten, und wir sprachen eigentlich von nichts anderm als von dem bevorstehenden Feste. Endlos lange Wunschzettel waren geschrieben: hin und wieder wurde eine Träne über eine völlig missglückte

Weihnachtsarbeit vergossen, oder wir schmiedeten Pläne, was wir noch verschenken wollten. Manchmal ging die Zeit entsetzlich langsam und manchmal unheimlich schnell dahin, und unsre Lehrer beklagten sich über unsre Zerstreutheit.
Es war an einem Morgen im Dezember, dass ich zu Meister Ahrens geschickt wurde, um ihn samt seinem Leimtopfe zu uns einzuladen. Unsre Kinderstubeneinrichtung hatte durch eine längere lebhafte Unterhaltung der ältern Brüder stark gelitten, und Ahrens sollte gleich kommen. Vergnügt polterte ich die enge Treppe zu seiner Werkstatt hinauf, konnte aber nicht bis auf die letzte Stufe kommen, weil dort ein Kind stand, auf das der alte Tischler eifrig einsprach.
»Ich muß die Zweigens haben, und Vater muß herüber und sie holen!«
»Vater is bang!«, lautete die schüchterne Erwiderung.
»I, was sollt Vater woll bang sein; er muß los – sonsten klag ich ihm ein, wo er mich doch Geld schuldig is! Ohne die Zweigens kann ich ja nix machen, und das Geschäft mit die Bäumens muß anfangen! Nu geh du man, und laß Vater man auch gehn!«
Das Kind, es war ein ziemlich großes Mädchen, glitt an mir vorüber, und ich konnte jetzt in die Werkstatt treten und meine Bestellung ausrichten. Aber Meister Ahrens hörte kaum auf mich. Er war sehr schlechter Laune und betrachtete seufzend seinen Haufen grüner Stöcke, der friedlich in einer Ecke lag.
»Kannst du keine Zweige aus dem großen Walde kriegen?«, fragte ich neugierig. Er aber sah mich streng an.
»Frag nich so dumm! Ich kann allens, was ich will, und meine Tannenbäumens sind besser als die natürlichen!«
Als ich wieder hinauskam, da saß dasselbe Mädchen, das vorhin mit Ahrens gesprochen hatte, auf der Türschwelle. Sie weinte nicht, aber sie sah aus, als ob sie wohl Lust dazu hätte, und ich setzte mich neben sie und betrachtete sie schweigend. Sie war sehr ärmlich, aber ziemlich sauber gekleidet, nur ihr dickes, blondes Haar hing unordentlich um ihren Kopf. An diesem Haar erkannte ich sie, und ich nickte ihr freundlich zu.
»Du hast mir neulich mein Lesebuch nachgebracht, als ich aus der Stunde kam, weißt du noch? Ich hatte es auf dem Wege verloren!«

Sie sah jetzt auf, und ihre Augen blickten weniger trübe.
»Das war so'n feines Buch«, sagte sie, »mit Bildern ein – so'n feines Buch!«
»Hast du kein Lesebuch?«, erkundigte ich mich, während ich mit einiger Beschämung daran dachte, dass ich dieses Buch schon zweimal hinter den Schrank geworfen hatte, nur um es nie wieder zu sehen. Leider war es immer wiedergefunden worden.
Sie schüttelte den Kopf. »Nee – ich hab nix, gar nix!«
»Was wünschst du dir denn zu Weihnachten?«
»Ich?« Das Mädchen sah überrascht aus. Dann lachte sie. »Was sollt ich mich woll wünschen; ich krieg doch nix!«
»Du bekommst gar nichts?«
Unwillkürlich rückte ich der Sprecherin näher. »Bist du dann zu Weihnachten nicht furchtbar traurig?«
»Nee« – sie lachte wieder. »Was sollt ich woll traurig sein, wo ich den ganzen Abend rumlauf und in all die Fensters guck und all die Weihnachtsbäumens zu sehen krieg! Mannichmal krieg ich auch noch ein Stück Brot mit Rosinens geschenkt!«
»Weihnachtsabend darf man eigentlich nicht ausgehn!«, sagte ich. »Da muss man zu Hause bei seinen Eltern bleiben!«
»Ja, wenn Vater man nich sitzt, denn bleib ich auch bei ihm; abers er is nu ja ümmerlos im Loch – da sitz ich ja ganz allein, wo Mutter doch tot is –«
»Er sitzt im Gefängnis?«
Wenn es angegangen wäre, hätte ich mich noch näher an meine neue Bekanntschaft gedrückt. Wir saßen aber schon ganz nahe aneinander geschmiegt. Aber um ihr doch zu zeigen, wie interessant sie mir sei, griff ich in die Tasche, in der ich einige getrocknete Pflaumen hatte, und bot sie ihr an. Dörthe Krieger, so hieß das Mädchen, nahm sie auch und verzehrte sie mit einiger Gier, während ich ihr zusah. Ich hatte mir nämlich gerade aus dem vorhin erwähnten Lesebuch eine wunderhübsche Geschichte von einem unschuldig Gefangnen vorlesen lassen und nahm jetzt an, dass die Gefängnisse nur dazu da wären, Unschuldige zu quälen.
»Dein Vater hat doch natürlich nichts Böses getan?«, fragte ich.
Dörthe schüttelte den Kopf. »Nee – natürlich nich! Bloß ein

büschen Stehlen. Weiter gar nix. Der Bürmeister is auch zu eigen. Abers nach die Tannenzweigen in Holstein will er doch nich hin!«

»Stiehlt er die auch?«

»Ja, wo sollt er sonstens zu sie kommen? Sie sitzen an ein Baum, und der Baum gehört ein Grafen zu, der furchtbar slecht is und nich leiden kann, wenn man in sein Wald spazieren geht. Vater sagt, der Wald is so groß, und da laufen Rehe und Hasen herum – da merkt kein ein, wenn ein Baum fehlt und wenn da ein Reh weniger is. Hast mal Rehbraten gegessen? Der smeckt abers fein! Vater soll dich ein Stück abgeben, wenn er wieder mal was mitbringt! Na, abers er will diesmal nich gern hin. Die Försters haben ihn so gräslich aufn Strich, und wenn sie ihn kriegen, denn sperren sie ihn gleich ein, und – denk dich mal! – er muss jedesmal länger sitzen!«

»Dann darf er doch nicht in den großen Wald gehn!«, rief ich aufstehend. Mir war, ich weiß nicht weshalb, doch etwas unheimlich zumute geworden.

»Meister Ahrens will es aber, und wir wohnen in seinem Haus!« Dörthe war ebenfalls aufgestanden und wischte sich an den Augen herum. »Er sagt, Vater muss allens ein büschen vorsichtig machen, und er braucht nicht gleich ein Reh zu nehmen. Abers wenn es nu da herumläuft?«

Auf diese Frage wusste ich auch keine Antwort; aber ich konnte es Dörthe nachfühlen, dass sie ihren Vater nicht gerade zu Weihnachten im Gefängnis haben wollte. Ich musste ihr plötzlich noch versprechen, keinem etwas von unsrer Unterhaltung zu erzählen, und dann trennten wir uns.

Jürgen wusste schon nach einer Viertelstunde die ganze Geschichte, und es war nur gut, dass ich sie ihm erzählte. Denn ich hatte etwas sehr Tadelnswertes begangen, was ich keinem erwachsnen Menschen mitteilen durfte. Von niemand würde ich etwas zu Weihnachten bekommen, wenn man erführe, dass ich mit Dörthe Krieger gesprochen hatte.

»Ihr Vater ist ein Dieb, und zwar ein ganz gemeiner!«, berichtete Jürgen. »Rasmussen (unsers Großvaters Schreiber) hat mir gerade neulich davon erzählt! Denke dir, er stiehlt nicht einmal Geld, was doch das feinste beim Stehlen ist – er nimmt meist nur Würste und Schinken. Und er sitzt eigentlich immer im Gefängnis!«

Dörthe hatte mir diese betrübende Eigenschaft ihres Vaters ja auch berichtet.

»Sie will nur so ungern, dass er Weihnachten sitzt«, meinte ich; »sie ist dann ganz allein und hat niemand, dem sie ihren Weihnachtsvers aufsagen kann! Sie bekommt überhaupt gar nichts zu Weihnachten.«

»Gar nichts?« Jürgens tugendstrenges Gesicht wurde etwas milder. Aber er wusste doch keinen bessern Rat, als dass ich nicht mehr an Dörthe Krieger denken und noch weniger mit ihr sprechen sollte. Besonders nicht vor Weihnachten. Denn wenn die erwachsnen Familienglieder merkten, welchen schlechten Umgang ich hätte, dann würde es schlimm um meine Geschenkaussichten aussehen.

Jürgen konnte manchmal sehr eindringlich sprechen, und da ihm wirklich in der letzten Zeit verschiedentlich Standreden darüber gehalten worden waren, dass er in seinem Verkehr wählerischer sein sollte, so wusste er genau, was er sagen sollte, und ich hörte ihm andächtig zu. Dörthe Krieger war mir selbst doch auch etwas bedenklich vorgekommen; sie hatte meine Pflaumen wohl aufgegessen, sich aber nicht dafür bedankt. Das zeugte von einem schlechten Herzen. Als ich ihr nach etlichen Tagen wieder begegnete, und sie mir mit einer gewissen Vertraulichkeit zunickte, sah ich sie deshalb gar nicht an. Als sie aber vorüber war, musste ich doch stehn bleiben und mich umsehen, und da sie dasselbe tat, sahen wir uns gerade in die Augen.

Sie lachte; ich aber wurde sehr entlüftet.

»Du darfst dich nicht nach mir umsehen – dein Vater ist ein ganz gemeiner Dieb, und ich will nicht mit dir sprechen.«

Dörthe schüttelte ihren struppigen Kopf und lachte wieder.

»Nee, sprechen musst du auch nich mit mich! Die Kinder in die Schule wollen auch nich bei mich sitzen. Ehegestern hab ich den ganzen Tag allein aufn Bank gesessen – das war fein!«

»Magst du gern allein sitzen?«

Ich war dem Kinde des Diebes nun doch näher getreten und sah neugierig in ihr unbekümmertes Gesicht.

»Nu natürlich mag ich es! Da sitzt kein ein bei mich und kneift mir oder schubbst mir – das is fein?«

»Ist dein Vater schon im Walde gewesen?«, fragte ich.

Sie schüttelte den Kopf. »Nee – er hat ein slimmes Knie gehabt und konnt nich fort. Ahrens war doll, kann ich dich sagen, und er will uns aus ‚n Haus smeißen, wenn Vater nich bald Ernst macht. For meinswegen kann Vater auch hingehn; wenn er man bloß nich wieder Weihnachten sitzen muß!«

Sie seufzte ein wenig und schob die Arme unter ihr dünnes Schultertuch.

»Ich weiß, wie allens kommt!«, fuhr sie dann fort. »Vater geht in den Wald und will bloß die Zweigens abslagen, und denn sieht er ein Reh und denn slachtet er das. Und denn kommt die Pollerzei und all die slechten Menschens, und denn sitzt er Weihnachten ins Loch!«

»Hast du einen Weihnachtsvers für ihn gelernt?«, fragte ich: sie beachtete aber meine Worte nicht.

»Wenn es Ostern wär' oder Pfingsten, denn wär' es mich einerlei; da is es nich mehr so dunkel, und die andern Kinners snacken nich mehr soviel von Weihnachtsbäumens und von Aufsagen, abers nu –«

Dörthe wischte sich die Augen, und ich sah sie ratlos an.

»Hast du deinem Vater nicht gesagt, er solle bei dir bleiben?«

»Nu, ganz gewiss! Abers Ahrens wird bös, wenn er die Zweigens nicht kriegt. Zwei Jahr haben wir die Miete nich bezahlt, weil dass Vater immer so in Rückstand war!«
»Dann musst du den lieben Gott bitten, dass dein Vater kein Reh totmacht, wenn er in den Wald geht!«, riet ich, und Dörthe sah mich nachdenklich an.
»Das kann angehn! Ich will ihm bitten, dass die Rehens vordem alle tot bleiben oder von den Grafen geslachtet werden. – For die Zweigens kriegt er ja bloß wenig Gefängnis!«
Sie lief weiter, und mir fiel ein, dass ich nicht mit ihr hatte sprechen wollen. Aber es hatte mich, gottlob! niemand gesehen, und da außerdem andere Gedanken mein Herz erfüllten, so vergaß ich diese Unterredung so bald, dass ich sie nicht einmal Jürgen mitteilte. Es waren nämlich nur noch acht Tage bis Weihnachten, und die prickelnde, sonderbare Unruhe kam über uns, die jedes Kind kennt. Wir mochten nicht mehr sehr lange auf einem Stuhle sitzen, und am liebsten liefen wir auf der Straße umher und besahen die bescheidnen Weihnachtsausstellungen unsers Städtchens.
Außerdem hatten wir noch Sorge wegen des Ausbleibens unsers Tannenbaumes. Der sollte mit dem Schiffer kommen, der um die Weihnachtszeit mit seiner Jacht nach Lübeck fuhr und die herrlichsten Sachen mitbrachte. Aber Schiffer Lafrenz war noch nicht in unsern Hafen eingelaufen. Das kam daher, dass der Wind die ganze Zeit »konträr« gewesen war, wie uns die Sachverständigen sagten, aber diese Erklärung beunruhigte uns nur, statt uns zu beruhigen. Wir kannten Geschichten von Leuten, die drei Wochen auf der Ostsee bei »konträrem« Winde gekreuzt hatten, ohne ihr Reiseziel zu erreichen, und die dann schließlich wieder unverrichteter Sache nach Hause gefahren waren. Erlebt hatten wir solche Sachen nicht, aber man hatte uns so oft die Abenteuer einer Seereise in alten Zeiten berichtet, dass wir das Schiff mit unserm Tannenbaum im Geiste schon bei Finnland im Eise eingefroren sahen. Die großen Leute suchten uns die Befürchtungen auszureden; wir aber fühlten uns doch verpflichtet, jeden Tag an unsern kleinen Hafen zu laufen und dort Erkundigungen nach »Anna Kathrin« einzuziehn. So hieß die Jacht vom Schiffer Lafrenz, und es war

ein schönes Schiff, nur dass sie sehr schaukelte, auch wenn es gar nicht nötig schien.

Am Sonntag vor Weihnachtsabend war köstliches Wetter. Gerade so, als bildete sich die Sonne ein, Weihnachten überschlagen zu können. Sie schien so hell wie im Frühjahr, und als wir am Vormittag aus der Kirche kamen, beschlossen wir, sofort wieder nach dem Hafen zu gehn und uns nach der »Anna Kathrin« zu erkundigen.

Als wir am Hause von Meister Ahrens vorübergingen, stand dieser vor der Tür und hielt einen Tannenbaum in der Hand. Es war natürlich ein falscher, und seine Zweige waren nicht mehr frisch.

»Wo hast du die Zweige her, Meister Ahrens?«, fragten wir. »Das ist kein schöner Tannenbaum geworden!«

Der Tischler antwortete nicht viel, sondern murmelte nur einige verdrießliche Worte, worauf einer der ältern Brüder berichtete, dass das Geschäft mit den Tannenzweigen dieses Jahr flau sein sollte. Da wäre niemand mit guten Tannenzweigen an die Insel gekommen, und auch die falschen Tannen sollten teuer sein. Wir andern seufzten ein wenig bei dieser Erzählung, und dann strebten wir eilig dem Hafen zu, um uns nach der »Anna Kathrin« die Augen auszuschauen. Aber alles Lugen half nichts – die dickbäuchige Jacht schaukelte weder am Bollwerk, noch war ihr geflicktes Segel irgendwo am Horizont zu erblicken.

Nachdem diese Tatsache festgestellt war, verließen die ältern Brüder uns, um einen Freund zu besuchen, dessen Onkel im Besitz eines Fernrohrs war, das dazu dienen sollte, die »Anna Kathrin« etwas schneller herbeizusehen. Wir Kleinern gingen schwermütig an den Strand und suchten uns dadurch aufzuheitern, dass wir flache Steine ins Wasser warfen. Bei dieser Gelegenheit entdeckten wir ein Boot, das an einen etwas abseitsstehenden Pfahl angekettet war. Beide Ruderpatten lagen darin, und dieser Umstand schien uns so verlockend, dass wir sofort hineinkletterten und zu rudern begannen.

Das Boot war außerordentlich schlecht; die Sitze morsch, und die Bretter des Fahrzeuges schienen kaum noch zusammenzuhalten. Wir schaukelten aber sehr vergnügt darin, und Jürgen

sagte, er könne rudern und nach Holstein fahren, dessen Küste dunkel am Horizont auftauchte. Er konnte es natürlich nicht, und während wir uns um die Ruder zankten, glitt ihm das eine aus der Hand und fiel ins Wasser.
Vergnügt schwamm es davon, während wir ihm ziemlich dumm nachblickten, und als Jürgen mit dem andern Ruder den Flüchtling zu erwischen gedachte, ging diese Stange ihm auch aus der Hand.
Ein kräftiger Fluch ertönte vom Lande her, und ein Mann in großen Wasserstiefeln trat mitten ins Wasser und zog nicht allein unser Boot ans Land, sondern erfasste auch noch die eine Stange. Die andre war aber schon zu weit fortgeschwommen, und er sah uns drohend an.
»Ihr dummes Volk! Was habt ihr in meinem Boot zu tun! Heraus mit euch, sonst werfe ich euch alle ins Wasser! Und wo ist meine Ruderstange?«
Er sprach fremder und ganz anders als die meisten Insulaner, so dass wir schon deswegen einen großen Schreck vor ihm bekamen. Aber als Jürgen mir zuflüsterte, dieser Mann wäre Jobst Krieger, der Dieb, der so oft im Gefängnis gesessen hatte, da erwachte in mir der Trotz der Selbstgerechtigkeit.
»Zu sagen hast du uns nämlich gar nichts!«, bemerkte ich, aber ich sprang doch ziemlich schnell aus dem Boot.

»Weshalb nicht?« Der Mann, dessen Gesicht uns übrigens keinen abschreckenden Eindruck machte, sah mich fragend an.
»Du bist ja ein Dieb, ein ganz schlechter Mensch!«, sagte ich, und Jürgen, der ebenfalls wieder auf festem Boden stand, nickte zu jedem meiner Worte.
»Du darfst gar nicht mit uns sprechen«, warf er nun ein. »Du sitzt ja immerlos im Loch!«
Auf Jobst Kriegers Gesicht lag der Ausdruck ungläubigen Staunens, dann aber wurde er plötzlich sehr rot.
»Was geht›s euch an, wenn ich im Gefängnis war? Darin haben schon fixe Kerle gesessen, kann ich euch sagen! Und überhaupt« – er sah uns langsam nach der Reihe an – »ich kenn euch gut! Wie oft lauft ihr zu dem alten Mahlmann, der sein Leben lang im Zuchthaus war!«
»Zuchthaus ist feiner als Gefängnis«, erklärte Jürgen; »viel feiner! Ich habe mal mit Mahlmann darüber gesprochen, und der hat es mir auch gesagt. So oft wie du im Gefängnis, ist Mahlmann auch nicht im Zuchthaus gewesen!«
»Nein, er nahm gleich ein gutes Ende auf einmal!«, sagte Jobst Krieger, und dabei lachte er.
Er hatte wirklich kein übles Gesicht, und sein Zorn über das verlorne Ruder schien auch verraucht zu sein.
Mit schwerem Schritt stieg er nun ins Boot und begann die Kette zu lösen.
»Wohin fährst du?«, fragte Bruder Milo, der sich bis jetzt nicht an der Unterhaltung beteiligt und den Dieb nur unverwandt angesehen hatte.
Jobst gab keine Antwort; mir aber fiel Dörthe wieder ein, während mir natürlich nicht in den Sinn kam, daß ich ihr Schweigen gelobt hatte.

»Er fährt in den großen Wald«, rief ich laut, »wo die Rehe und die Hasen frei herumlaufen. Da schlägt er die Tannenbäume entzwei und fängt die Rehe, und dann kommt der böse Graf und nimmt ihn gefangen! Und Dörthe muss wieder Weihnachtsabend auf der Straße herumlaufen, weil ihr Vater im Gefängnis sitzt!«

»Dummes Zeug!«, sagte Jobst. Er hatte mit einer Kelle Wasser aus dem Boot geschöpft, nun hielt er inne mit seiner Arbeit.

»Dummes Zeug ist es gar nicht!«, rief ich empört. »Dörthe sagt, wenn du nur Ostern oder Pfingsten stehlen wolltest, dann wäre es ihr einerlei; aber gerade Weihnachten! Da darf man doch eigentlich nicht stehlen!«

»Nein, eigentlich nicht!«, meinte Jürgen, und Milo stimmte zu. »Da kommt ja das Christkind auf die Erde, und wenn es dich nun im Gefängnis findet, dann bekommst du nichts geschenkt. Nur artige Menschen bekommen etwas!«

»Ich kriege doch nichts geschenkt!«, murmelte Jobst. Er hatte uns bis dahin zugehört, nun griff er wieder zu seiner Schöpfkelle.

»Doch!«, sagte Jürgen. »Wenn du Weihnachten nicht im Gefängnis sitzt, dann schenke ich dir etwas. Ich habe einen Kasten geklebt; er ist sehr hübsch, und ich wollte ihn eigentlich selbst behalten. Wenn du aber gut sein willst, dann bekommst du ihn!«

»Und ich mache dir einen Fingerring aus schwarzen Glasperlen!«, rief Milo, der in Perlenvergeudung Unglaubliches leistete. »Oder willst du lieber einen blauen Ring mit einer Goldperle in der Mitte? Goldperlen sind furchtbar teuer, aber ich will es doch tun!«

»Dann gebe ich Dörthe auch mein altes Lesebuch!«, setzte ich hinzu und trat dabei Jobst Krieger etwas näher. Er hatte sich nämlich ins Boot gesetzt und sah uns ganz sonderbar an. Wahrscheinlich fand er die ihm gemachten Anerbietungen zu überwältigend, als dass er gleich darauf hätte eingehn können.

»Sieh mal«, setzte ich vertraulich hinzu. »Lass Dörthe doch das Lesebuch bekommen! Da sind hübsche Bilder drin, und wenn die andern Kinder die sehen, dann wollen sie auch wieder bei Dörthe sitzen. Nun wollen sie es nicht, weil du soviel im Gefängnis sitzen musst! – Sie sitzt immer ganz allein, und Weihnachten ist sie auch allein. Ich sagte ihr, sie sollte den lieben Gott bitten, dass du Weihnachten bei ihr wärst; aber sie hat es wohl vergessen. Der liebe Gott tut sonst alles, um was man ihn ordentlich bittet!«

Jobst Krieger legte die Bootkette wieder um den Pfahl und trat ans Land. Er sah beunruhigt und etwas mürrisch aus, und als Jürgen ihm noch einmal seinen schönen Kasten pries, antwortete er nur durch ein unverständliches Knurren.

Auch trat jetzt ein andrer Mann auf ihn zu, der eben erst aus der Stadt gekommen war. Der sah nicht so gut aus wie Jobst, und seine Augen fuhren scheu über uns hin, während er leise mit Jobst sprach. Wir gingen jetzt, Jürgen und ich voran,. während Milo noch eine Weile in der Nähe der Männer blieb und uns erst später nachgelaufen kam.

»Ich habe gehört, was sie sprachen«, erzählte er. »Ich sammelte Steine und war ganz nahe bei ihnen. Der andre Mann heißt Lorenz und wollte mit Jobst Krieger und dem Boot nach dem großen Walde fahren. Aber Jobst sagte, er hätte keine Lust, sie wollten bis morgen warten. Er müsste sich noch besinnen; Da wurde der andre Mann böse und sagte, er führe nicht am Montag, das sei ein Unglückstag; er führe am Sonntag und wollte nicht auf Jobst warten!; Da haben sie sich gescholten, und nun ist Jobst Krieger zurückgegangen, und der andre ist im Boote!«

Jetzt kamen die andern Brüder. Aber sie waren, weil sie selbst durch das Fernglas nichts von der »Anna Kathrin« gesehen hatten, so niedergeschlagen, dass wir ganz vergaßen, ihnen unsre Unterhaltung zu berichten.

Aber am Abend sprachen wir doch noch von Jobst Krieger und meinten, es sei ganz überflüssig, uns auf Geschenke für ihn einzurichten. Milo begann dennoch einen Ring aus blauen Glasperlen zu arbeiten, der wirklich sehr schön wurde.

In der Nacht kam plötzlich ein furchtbares Wetter. Die Dezembersonne war trügerisch gewesen. Der Wind sprang um, Regen schlug an die Scheiben, und die Dachpfannen prasselten auf die Straße. Am andern Morgen wurde es wieder ziemlich still, und die Brüder liefen gleich an den Hafen, um nach der »Anna Kathrin« zu sehen, die denn auch wirklich einlief. Etwas beschädigt zwar, denn es war auf See ein Heidenwetter gewesen; aber die »Anna Kathrin« konnte schon einen Puff vertragen. Obgleich der Tannenbaum nun wirklich in Sicht war, so konnten wir uns doch nicht so recht freuen. Denn Schiffer Lafrenz von der »Anna Kathrin« war nicht weit vom Hafen einem umgeschlagnen Boote begegnet, das er mit seinen scharfen Schifferaugen sofort erkannt hatte. Es gehörte einem Manne, der Lorenz hieß, und der gerade so übel berüchtigt war wie Jobst Krieger.

Am Hafen hatten die Leute gewusst, dass Jobst und Lorenz in diesem Boote am Sonntag eine Fahrt hatten machen wollen – einige Leute wollten sie auch zusammen gesehen haben. Nun hatte sie das Wetter auf offner See überrascht, und sie waren ertrunken.

Es war eine traurige Geschichte, die gar nicht für die Weihnachtszeit passte; wir mussten lange darüber sprechen. Es tat uns so sehr leid, dass Jobst doch gefahren war, und besonders Milo konnte es gar nicht begreifen. Lorenz musste ihn doch schließlich überredet haben.

Großvaters Schreiber, Rasmus Rasmussen, war nicht so traurig wie wir. Er sagte, Jobst würde doch im Zuchthause geendet haben, weil er das Stehlen nicht hätte lassen können. Tannenzweige aus dem Walde zu holen sei ja schließlich kein Verbrechen, aber Jobst hätte die schönsten Tannen auseinandergeschlagen, ohne auch nur einen Menschen zu fragen. Meister Ahrens habe einen guten Lieferanten an ihm gehabt, und deshalb seien seine Tannenbäume immer so schön gewesen. Dann hätte Jobst auch noch Hasen und Rehe in Schlingen gefangen, und wenn er bei einer fremden, wohlgefüllten Speisekammer vorübergekommen wäre, dann hätte er tief hineingelangt.

Es war gewiss ein Glück, dass Jobst tot war, wie Rasmus meinte, aber wir waren doch so betrübt, dass wir eine Weile unser Weihnachtsfest ganz vergaßen. Dann schämten wir uns auch noch, dass wir um einen ganz gewöhnlichen Dieb weinten.

Das taten wir nämlich. Trotz seiner entsetzlichen Schlechtigkeit hatten wir Jobst sehr gern gehabt, wenn wir das auch keinem Menschen verraten und ihn ja auch nur wenig gekannt hatten.

Plötzlich fiel mir Dörthe ein. Was würde sie wohl dazu sagen, dass ihr Vater ertrunken war? Den ganzen Tag musste ich an sie denken, und Jürgen und Milo sprachen auch von ihr. Nun war sie immer allein; nicht nur Weihnachten, nein auch Ostern und Pfingsten, das ganze Leben hindurch.
In unserm Hause wurde gerade Kuchen gebacken; das war eine angenehme Zerstreuung; aber als es dämmrig wurde, lief ich doch zu Dörthe Krieger, deren Wohnung ich jetzt ganz gut kannte, obgleich ich sie nie betreten hatte. Jürgen lief mit, und wir hatten Mama ein Paket Kuchen für die arme Dörthe abgebettelt.
In dem kleinen, sehr verfallnen Hause am äußersten Ende der Stadt brannte schon Licht, und als wir ohne weiteres in die Haustür und dann in die kleine, ärmlich eingerichtete Stube stürzten, prallten wir erschrocken zurück. Denn auf einem Holzschemel, von einem Talglicht beleuchtet, saß Jobst Krieger. Er hatte Besuch. Vor ihm stand Meister Ahrens, der heftig auf ihn einsprach. Wir beachteten aber den alten Tischler nicht. Wir liefen auf Jobst zu und betrachteten ihn aufgeregt.
»Wie?« rief Jürgen; »du bist nicht tot?«
Seine Stimme klang vorwurfsvoll, und auch ich konnte mich einer leichten Verstimmung nicht erwehren. Wenn man jemand einmal als tot beweint hat, dann darf er auch nicht gleich wieder auferstehn! Jobst Krieger sah uns verlegen an.
»Lorenz ist allein gefahren«, sagte er nun. »Ich wollte ja nicht, ich –« er stockte und fuhr sich mit der Hand über das Gesicht.
»Du hast Glück gehabt, Jobst Krieger«, ließ sich jetzt Meister Ahrens vernehmen. »Wenn du mit Lorenz gefahren wärst, dann lägst du nu tot in die See! Er war auch ein slechten Kerl, der dir zu allens verführt hat! Morgen fährst nu for mich nachn Festland und holst mich die Zweigens, sonsten sollst mich kennen lernen!«
Aber Jobst schüttelte den Kopf.
»Nein, Meister Ahrens – ich fahr nicht mehr nach den Tannenzweigen. Wenn ich in den Wald komme –« er atmete kurz auf – »dann lass ich's doch nicht – dann greif ich nach andern Dingen, die mir nicht gehören, und dann sitzt die Dörthe Weihnachten allein! Und jetzt, wo Gott mich vorm Tode bewahrt hat

–« er stockte und sah uns an. Wir nickten ihm zu. Allmählich hatten wir die Enttäuschung, dass er noch lebte, überwunden. Meister Ahrens aber rang die Hände.

»Du liebe Zeit! Nu krieg ich kein ordentlichen Tannenbäumens, wo das Geschäft gerade flott gehn soll. Und du wohnst in meinem Haus und tust nich, was ich will? Du musst zu Neujahr ausziehn!«

Wir hatten Meister Ahrens niemals so böse gesehen, und unser Interesse wandte sich ihm ungeteilt zu. »Fahre doch selbst in den Wald und hole die Zweige!«, rief Jürgen.

Der Alte sah ihn böse an. »Da könnt ich doch bei zu Schaden kommen!«, murrte er, und mein Bruder trat ganz nahe auf ihn zu.

»Meister Ahrens, du hast mir neulich noch gesagt, die Hauptsache im Leben wäre ein gutes Herz. Du hast doch auch ein gutes Herz?«

»Ganzen gewißlich!«, versicherte der Alte mit etwas unsicherer Stimme. »Abers die Tannenbäumens müssen doch Zweigens haben, sonsten sind es keine Tannenbäumens, und wenn Jobst Krieger mich nich Zweigens holen will –«

»Er will doch kein Dieb mehr sein!«, rief Jürgen. »Lass ihn in Ruhe und gehe zu Schiffer Lafrenz auf der ›Anna Kathrin‹ hat auch eine ganze Menge von Tannenzweigen mitgebracht, die Brüder haben's gesehen!«

»Is wahr?« Ahrens ärgerliches Gesicht wurde etwas milder, dann lief er plötzlich davon, ohne Lebewohl zu sagen. Wir entbehrten ihn auch nicht. Wir hatten unsre Kuchen ausgepackt, und da wir Jobst Krieger verziehn hatten, so durfte er sie probieren. Jürgen und ich sagten ihm auch unsre Weihnachtslieder auf. Der Übung halber und auch deswegen, weil sie uns immer im Kopf herumspukten, und wir waren eigentlich etwas beleidigt, dass Jobst uns gar nicht lobte. Er saß ganz still und hatte beide Hände vor sein Gesicht gelegt. So still war er, dass es uns, als wir nacheinander das »Amen« von unsern Verslein gesprochen hatten, doch etwas unheimlich zu werden anfing. Aber da kam Dörthe ins Stübchen gestürzt, und ihre Überraschung, uns zu sehen, war so groß, und das Vergnügen über die Kuchen noch so viel größer, dass wir ungemein heiter wurden.

Jobst Krieger stand jetzt auf und sagte, dass er uns nach Hause bringen wolle; unsre Eltern würden gewiss nicht wollen, dass wir so lange bei ihm blieben. Wir sahen die Richtigkeit dieser Worte ein, und als wir neben ihm auf der dunkeln Straße gingen, stieß Jürgen plötzlich einen schweren Seufzer aus.
»Jobst, wie furchtbar schade ist es doch, dass du ein so schlechter Mensch bist! Ich mag dich gern leiden – viel lieber als einige Leute, die niemals im Gefängnis waren!«
»Ich auch!« versicherte ich, und Jobst stand still und legte ganz leise seine Hände auf unsre Haare.
»Mir ist›s auch leid genug,«, murmelte er; aber was er noch hinzusetzte, konnten wir nicht verstehn; seine Stimme war ganz heiser geworden. Dann war er in der Dunkelheit verschwunden, und wir mußten den Rest des Heimwegs allein zurücklegen.
Das war nun nicht so schlimm; wir waren nicht ängstlich und hatten außerdem eine Fülle von Unterhaltungsstoff, der auch nicht ausging, als wir den andern von Jobst Krieger und von dem Umstande, dass er noch lebe, berichteten. Wir wollten ihm alles mögliche zu Weihnachten schenken, alte Anzüge von Papa, die uns nicht gehörten, Eßwaren, über die wir keine Verfügung hatten, und vor allem einen Katechismus, damit er die zehn Gebote noch einmal durchlerne.
Aber es kam anders. Als wir am Tage vor Weihnachten Jobst Krieger und seine Tochter feierlich zu uns einladen wollten, erfuhren wir, dass beide in der Nacht vorher verschwunden

waren. Sie hatten ihre armselige Habe zurückgelassen und die Insel verlassen. Sie kamen auch nicht wieder, obgleich wir das ganze Weihnachtsfest auf sie warteten, und niemand konnte uns sagen, wohin sie gegangen seien.

Dieses plötzliche Verschwinden betrübte uns außerordentlich, und wir trösteten uns nur allmählich mit dem Gedanken, dass uns jetzt kein Mensch verbieten konnte, an Jobst und Dörthe zu denken und von ihnen zu sprechen. Unser Weihnachtsabend war trotz alledem sehr schön, und wir schenkten die für Jobst bestimmten Sachen andern Leuten, die es auch nötig hatten.

Nur Meister Ahrens feierte kein fröhliches Weihnachtsfest. Erstens waren seine falschen Tannenbäume lange nicht so hübsch wie sonst, obgleich er Zweige bekommen hatte, und dann fiel es den Leuten ein, dass er doch vielleicht den Jobst oft zu hart bedrängt und ihn schon mehrere Jahre hindurch veranlasst hätte, in den Wald zu gehn und zu stehlen. Ob er nun wirklich schuld daran hatte, war schwer zu sagen; jedenfalls ging er kümmerlich gebeugt einher und klagte über die schlechten Zeiten und die schlechten Menschen.

Mehrere Weihnachtsfeste waren vergangen. Meister Ahrens machte immer noch falsche, hässliche Tannenbäume, und wir selbst sprachen nur manchmal noch von Jobst. Zuerst hatten wir uns ausgedacht, dass er wahrscheinlich nach Amerika gegangen sei und als reicher Mann zurückkehren würde. Dann trug Dörthe seidne Kleider, und er würde uns allen etwas Wundervolles zu Weihnachten schenken. Wir stritten uns darüber, ob wir lieber eine goldne Mundtasse oder einen goldnen Teller haben wollten; allmählich aber vergaßen wir ihn fast, bis wir an einem Weihnachtsabend ein sonderbares Paket mit der Post bekamen.

Es trug Jürgens, Milos und meinen Namen und kam aus einem Orte, von dem die großen Leute sagten, dass er in Ost- oder Westpreußen läge. Dieses Paket enthielt ein sauber geschnitztes kleines Boot, das mit frischen Christrosen angefüllt und in köstliche Tannenzweige verpackt war. Dabei lag ein Zettel, auf dem mit ungeübter Hand die Worte geschrieben waren: Und hat ein Blümlein bracht mitten im kalten Winter. Da wußten wir, dass diese Sendung von Jobst Krieger kam, und freuten uns außerordentlich über sie. Besonders darüber, dass er von den Weihnachtsliedern, die wir ihm aufgesagt hatten, etwas behalten hatte. Denn wer auch nur ein wenig von seinen Weihnachtsliedern im Gedächtnis behält, der kann doch ganz gewiss kein schlechter Mensch sein.

Meister Ahrens sagte dasselbe. Er hatte mit derselben Post eine Geldsumme bekommen, die, wie er fest glaubte, von Jobst Krieger kam, weil er ihm gerade soviel Geld schuldig gewesen war.

»Eigentlich hast du das Geld nicht verdient!« sagte Jürgen, der dem alten Tischler die Behandlung von Jobst nicht vergessen konnte.

Ahrens fuhr sich über den kahlen Kopf und seufzte.

»Nee, eigentlich nich! Abersten wenn ich nu die Hälfte an die Armens gebe, und wenn es mich sowieso all die Jahrens leid getan hat, daß ich nich nett gegen den Jobst war? Ich habe sonsten warraftigen Gott ein furchtbar gutes Herz – bloß bei die Tannenbäumens, da bin ich eigen mit gewesen, weil es so'n gutes Geschäft war.«

Ahrens richtete wirklich eine Weihnachtsbescherung für eine arme Familie aus, und seit der Zeit sprach er noch mehr als sonst von seinem guten Herzen. Sonderbarerweise waren es die Kinder dieser Familie, die nicht bei Dörthe Krieger in der Schule hatten sitzen wollen. Das war aber lange vergessen, und der von Ahrens verfertigte falsche Tannenbaum warf auch über sie seinen weihnachtlichen Schein, und ihre Freude war echt.

Denn das Christkind in seiner Milde fragt nicht nach den Verdiensten und Schwachheiten der armen Erdenkinder. Sonst müsste es aufhören, alle Jahre wiederzukommen.

KINDER-TRÄUME

BETTY UND IHRE SCHWESTERN

LOUISA MAY ALCOTT

Jo erwachte zuerst im grauen Dämmerlicht des Weihnachtsmorgens. Keine Strümpfe hingen am Kamin, und im ersten Augenblick fühlte sie sich ebenso enttäuscht wie einst vor Jahren, als ihr kleines Strümpfchen herabgefallen war, weil es so schwer mit guten Dingen angefüllt gewesen. Dann dachte sie an das Versprechen ihrer Mutter, steckte die Hand unter ihr Kopfkissen und zog ein kleines, rot gebundenes Buch hervor. Sie kannte es sehr gut, denn es enthielt die alte, schöne Geschichte des besten Lebens, das je gelebt worden ist, und Jo fühlte, dass es ein guter Wegweiser für jeden Pilger auf der langen Reise sei. Sie weckte Meg mit einem »Fröhliche Weihnacht!« und forderte sie auf, unter ihr Kopfkissen zu sehen, was darunterläge. Ein grün eingebundenes Buch kam zum Vorschein, mit dem gleichen Titelbild und einigen Worten von der Hand der Mutter. Jetzt erwachten auch Betty und Amy, die ebenfalls nach dem Christgeschenk suchten und dieselben Büchlein mit der Mutter Handschrift fanden, die jeder ihre Gabe besonders wertvoll machte: das eine mit taubenfarbigem, das andere mit blauem Einband; und alle saßen sich ihrer Bücher freuend und darüber plaudernd, während der erwachende Tag den Osten rosig färbte.

Ungeachtet ihrer kleinen Eitelkeit hatte Margarete in ihrem Wesen etwas so Süßes und Frommes, dass sie unbewusst ihre Schwestern beeinflusste, ganz besonders Jo, die sie zärtlich liebte und ihr gehorchte, weil ihre Ratschläge auf so sanfte Weise gegeben wurden.

Ihr Mädchen, sagte Meg mit ernstem Ton, indem sie von Jos wirrem Kopf zu den zwei benachtmützten Köpfen ins Nebenzimmer sah, die Mutter wünscht, dass wir diese Bücher betrachten, lesen und werthalten, und wir müssen sogleich den Anfang damit machen. Früher lasen wir getreulich darin, doch seitdem der Vater fort ist und all diese Kriegsunruhe uns verwirrt, haben wir mancherlei Nötiges versäumt. Ihr könnt es halten, wie ihr wollt, doch ich werde mein Buch hier auf meinem Tisch liegen lassen und jeden Morgen, wenn ich erwache, ein Stück daraus lesen; das wird mir, wie ich gewiss weiß, guttun und durch den Tag forthelfen.
Damit schlug sie ihr neues Buch auf und begann zu lesen. Jo schlang ihren Arm um der Schwester Hals, und Wange an Wange gelehnt, las auch sie mit einer so friedvollen Miene, wie sie sich nur selten auf ihrem unruhigen Gesicht zeigte.
Wie gut ist Meg! Komm, Amy, wir wollen ihrem Beispiel folgen. Ich werde dir bei den schweren Worten helfen, und die Schwestern werden uns das, was wir nicht verstehen, erklären, flüsterte Betty, sehr eingenommen von den hübschen Büchern und dem guten Beispiel.
Ich freue mich, dass meins blau ist, sagte Amy und dann wurde es ganz still in dem Schlafstübchen. Man vernahm nur das leise Umwenden der Blätter, und der Wintersonnenschein schlüpfte herein und küsste die hellen Köpfe und ernsten Gesichter zum frohen Weihnachtsgruß.
Wo ist die Mutter?, fragte Meg, als sie und Jo nach einer halben Stunde herunterkamen, um ihr für ihre Geschenke zu danken.
Gott weiß es. Ein armes Geschöpf kam, um zu betteln, und Ihre Mama ging sogleich fort, um zu sehen, was nottut. Eine solche Frau lebt nicht mehr, die Essen und Trinken, Kleider und Feuerung so weggibt, sagte Hannah, die seit Megs Geburt im Haus war und mehr als Familienglied denn als Dienerin angesehen wurde.
Vermutlich kommt sie bald zurück, sagte Meg, so macht eure Kuchen fertig und haltet alles bereit. Damit überblickte sie die Geschenke, die, in einem unter dem Sofa versteckten Korb verborgen, des Moments, wo sie hervorkommen durften, harrten.

Wo ist Amys Eau de Cologne?, fragte sie, die kleine Flasche vermissend.

Sie nahm sie vorhin aus dem Korb und lief damit fort, um sie mit einem Band oder dergleichen zu schmücken, sagte Jo, die im Zimmer umhertanzte, um den neuen Schuhen, die sie angezogen hatte, die erste Steifheit zu nehmen.

Wie hübsch meine Taschentücher aussehen, nicht? Hannah wusch und plättete sie mir, und ich stickte sie alle selbst, sagte Betty und betrachtete stolz die etwas ungleichen Buchstaben, die ihr so viel Mühe verursacht hatten.

Welch ein Kind! Sie hat Mutter statt Mrs March in die Tücher gestickt! Wie drollig!, rief Jo, eins derselben in die Hand nehmend.

Ist's nicht recht so? Ich dachte, es sei besser, da Megs Buchstaben auch M.M. sind und nur Marmee meine Tücher benutzen soll, sagte Betty etwas betreten.

Es ist ja ganz gut, Schatz; eine hübsche Idee und ganz gescheit, denn nun kann kein Irrtum stattfinden. Sie wird sich darüber freuen, glaub ich, fiel Meg eifrig ein, mit einem zärtlichen Lächeln für Betty und einem missbilligenden Blick auf Jo.

Die Mutter kommt! Schnell, versteck den Korb!, rief Jo, als man die Haustür zuschlagen hörte und Schritte im Flur erklangen.

Amy trat eilig ein und sah etwas verlegen aus, als sie die Schwestern alle ihrer wartend fand.

Wo warst du denn, und was hältst du so verborgen?, fragte Meg, die ganz erstaunt war, die so träge kleine Amy am frühen Morgen schon in Hut und Mantel von einem Ausgang heimkommen zu sehen.

Lach mich nicht aus, Jo, ich hoffte, dass es niemand vor der Zeit erfahren sollte. Ich habe nur die kleine Flasche gegen eine große vertauscht, ich gab all mein Geld dafür hin und will mir nun, die größte Mühe geben, nicht mehr eigennützig zu sein.
Indem sie sprach, zog Amy die größere Flasche hervor, die die billigere ersetzen sollte, und sah so ernst und so demütig bei ihrem kleinen Versuch, sich selbst zu vergessen, aus, dass Meg sie auf der Stelle umarmte, Jo sie ein Blitzmädel nannte und Betty ans Fenster lief, um ihre schönste Rose zum Schmuck der stattlichen Flasche zu pflücken.
Ich schämte mich meines Geschenks, nachdem wir heute früh so viel über Gutsein gelesen und gesprochen hatten, und so lief ich, sobald ich aufgestanden war, um die Ecke und vertauschte das Fläschchen; ich bin froh, denn mein Geschenk ist nun das schönste.
Wieder schlug die Haustür zu, und der Korb verschwand unter dem Sofa, während die Mädchen sich um den Frühstückstisch reihten.
Fröhliche Weihnachten, Marmee! Noch viel, viel fröhliche Weihnachten! Danke für die Bücher! Wir lasen schon darin und denken es nun jeden Morgen zu tun!, riefen die Mädchen im Chor.
Fröhliche Weihnachten, meine Töchterchen! Es freut mich, dass ihr gleich angefangen habt, und ich hoffe, ihr werdet fortfahren. Doch will ich ein Wort mit euch reden, ehe wir uns zum Frühstück setzen. Nicht weit von hier liegt eine arme Frau mit einem kleinen neugeborenen Kind; sechs große Kinder sind in einem Bett zusammengepackt, um sich vorm Erfrieren zu schützen, denn sie haben kein Feuer. Sie haben nichts zu essen, und der älteste Knabe kam herüber, um mir zu sagen, dass sie hungern und frieren. Meine lieben Mädchen, wollt ihr ihnen euer Frühstück als Weihnachtsgeschenk geben?
Sie waren alle ungewöhnlich hungrig, da sie fast eine Stunde bereits gewartet hatten, und minutenlang blieb alles still, doch nur minutenlang, dann rief Jo eifrig:
Ich bin froh, dass du kamst, ehe wir anfingen!

Darf ich die Sachen zu den armen Kindern tragen?, fragte Betty dienstfertig.
Ich werde die Sahne und die Pfannkuchen tragen, setzte Amy hinzu, heldenmütig diejenigen Gegenstände preisgebend, die sie am meisten liebte.
Meg deckte Buchweizenbrötchen zu und schichtete das Brot in einem großen Teller.
Ich dachte mir wohl, dass ihr mir beistimmen würdet, sagte Mrs March mit einem zufriedenen Lächeln. Ihr sollt alle mit mir gehen, und wenn wir zurückkommen, frühstücken wir Brot und Milch und halten uns zu Mittag schadlos.
Sie waren bald bereit, und der Zug setzte sich in Bewegung. Glücklicherweise war es noch früh am Tag; sie gingen durch Hintergassen, wo sie von wenig Leuten gesehen wurden, und niemand lachte über die drollige Prozession.
Sie traten in ein armes, kahles, elendes Stübchen mit zerbrochenen Fenstern, ungeheizt; hier fanden sie eine kranke Mutter mit einem wimmernden Neugeborenen, eine Schar hungernder blasser Kinder, auf zerrissenen Laken unter ein altes Bett gehockt, um sich zu erwärmen. Wie sie mit großen Augen staunten und wie die blau gefrorenen Lippen lächelten, als die Mädchen eintraten!
Ach, mein Gott, unsere guten Engel kommen zu uns!, rief die arme Frau und weinte vor Freude.
Drollige Engel in Kapuzen und Fausthandschuhen!, rief Jo und machte sie lachen.
Und in wenigen Minuten schien es wirklich, als ob gute Geister ihr Wesen getrieben hätten. Hannah hatte Holz gebracht, ein Feuer angezündet, die zerbrochenen Scheiben mit alten Sachen und ihrem eigenen Schal verstopft. Mrs March gab der Mutter Tee und Brühe, tröstete sie durch Hilfsverheißungen, während sie das Kindchen so zärtlich ankleidete, als ob es ihr eigenes gewesen wäre, und die Mädchen den Tisch deckten, die Kinder um das Feuer setzten und sie wie verhungerte Vögelchen fütterten; lachend, plaudernd und sich bemühend, das gebrochene Englisch der deutschen Kinder zu verstehen.
Das ist gut! Die Engelskinder!, riefen die armen Dinger, während sie aßen und ihre rotgefrorenen Hände an dem behagli-

chen Feuer wärmten. Die Mädchen, die noch niemand zuvor Engelskinder genannt hatte, fanden dies sehr hübsch, besonders Jo, die, seit sie denken konnte, immer nur als »ein Sancho« betrachtet worden war. Es war ein glückliches Frühstück, obgleich sie nichts davon bekamen, und als sie weggingen, Trost und Freude hinter sich zurücklassend, gab es gewiss in der ganzen Stadt nicht vier glücklichere Menschen als die vier hungrigen Mädchen, die ihr Frühstück weggegeben hatten und sich am Weihnachtsmorgen mit Brot und Milch begnügten.
Das heißt seinen Nächsten mehr als sich selbst lieben, und das gefällt mir, sagte Meg, indem sie ihre Geschenke aufstellten, während die Mutter oben alte Sachen für die armen Hummels zusammensuchte.
Keine prächtige Bescherung, aber eine Menge Liebe war in den kleinen Paketen eingeschlossen. Und die große Vase, mit roten Rosen, weißen Chrysanthemen und rankendem Weinlaub gefüllt, die in der Mitte stand, gab dem Tisch ein festliches Ansehen.
Sie kommt, fang an, Betty, öffne die Tür, Amy. Drei Hurra für Marmee!, rief Jo, umherhüpfend, während Meg die Mutter auf den Ehrenplatz führte.
Betty spielte ihren heitersten Marsch, Amy öffnete die Tür, und Meg führte die Eskorte mit großer Würde aus. Mrs March war ebenso erstaunt wie gerührt und lächelte mit tränennassen Augen, während sie ihre Geschenke betrachtete und die kleinen Zettel las, die dabei lagen.
Die Schuhe wurden sogleich angezogen, eines der neuen Taschentücher, mit Amys Eau de Cologne befeuchtet, ward in die Tasche gesteckt, die Rose am Busen befestigt und die netten Handschuhe als »vortrefflich passend« bezeichnet.
Nun wurde viel gelacht, geküsst, erklärt, in jener einfachen, zärtlichen Weise, die diese häuslichen Feste so freundlich und die Erinnerung daran so süß macht, noch auf lange Zeiten hinaus.
Und dann begannen alle zu arbeiten.
Die barmherzige Tat und die Festlichkeit, die ihr gefolgt, hatten so viel Zeit in Anspruch genommen, dass die ganze übrige Tageszeit zu Vorbereitungen für die Abendaufführung in Anspruch genommen werden musste.

Da die Mädchen noch zu jung waren, um öfter ins Theater zu gehen, und nicht reich genug, um große Ausgaben für Privatvorstellungen zu machen, so strengten sie ihren Witz an, und die Notwendigkeit, die Mutter der Weisheit, tat ihr Mögliches dazu. Einige ihrer Theaterrequisiten waren Kunstwerke: Gitarren aus Pappe, antike Lampen, aus altmodischen, mit Goldpapier verklebten Butterbüchsen hergestellt, prächtige Gewänder aus altem Kattun, glänzend mit Spangen geschmückt, die man aus den Blechdeckeln alter Einmachbüchsen zurechtgeschnitten, und Waffen, die demselben diamantglänzenden Material ihr Dasein verdankten. Die Einrichtung ward von unten nach oben gekehrt und die große Wohnstube wurde der Schauplatz manches unschuldigen Jubels.
Da kein Mann teilnehmen durfte, konnte Jo nach Herzenslust Männerrollen spielen und gefiel sich unsagbar in einem Paar fuchsroter Stiefel, dem Geschenk einer Freundin, die ein andere Freundin hatte, die einen Schauspieler kannte. Diese Stiefel, ein altes Rapier und ein geschlitztes Wams, das von einem Maler einst für ein Bild benutzt worden war, machten Jos vornehmste Schätze aus und erschienen bei jeder Gelegenheit auf der Bühne. Die Kleinheit des Personals machte es nötig, dass die beiden Hauptdarsteller verschiedene Rollen übernahmen, und sicherlich war die Mühe anerkennenswert, die ihnen das Lernen mehrerer Rollen, das An- und Ausziehen der mancherlei Kostüme und die Darstellung auf den Brettern verursachte. Diese Aufführungen waren eine vortreffliche Übung für das Gedächtnis, ein harmloses Vergnügen und halfen ihnen manche Stunde angenehm verbringen, die sonst müßig, einsam oder weniger nutzbringend verflossen sein würde.
Am Weihnachtsabend hatte sich ein Dutzend junger Mädchen auf einem zu einer Theaterloge hergerichteten Feldbett in einem schmeichelhaften Zustand von Erwartung vor den blau und gelb gemusterten Zitzvorhängen der Bühne aufgepflanzt. Hinter denselben machte sich ziemlich viel Rascheln und Flüstern, etwas Lampenrauch und ein gelegentliches Kichern Amys, die in der Aufregung des Augenblicks hysterisch zu werden pflegte, bemerkbar. Plötzlich schrillte der Ton der Klingel,

der Vorhang flog auf, und die tragische Oper nahm ihren Anfang.
»Ein düsterer Wald«, wie ihn der Theaterzettel nannte, wurde durch einige Strauchgewächse in Blumentöpfen, einen grünen, den Boden bedeckenden Teppich und eine Höhle im Hintergrund versinnbildlicht.
Die Höhle war aus einem Kleiderhalter als Dach und einigen Schränken als Wände hergestellt worden, und inmitten derselben brannte ein kleiner Ofen mit einem daraufstehenden Topf, über den eine alte Hexe gebeugt stand. Die Bühne war finster, und das im Hintergrund brennende Feuer machte den gewünschten Effekt, besonders als dem Topf, von dem die Hexe den Deckel lüftete, wirklicher Dampf entstieg.
Man gestattete nach der ersten Überraschung eine kleine Pause, darauf stapfte Hugo, der Bösewicht, mit klirrendem Schwert, einem Schlapphut, schwarzem Bart, einem geheimnisvollen Mantel und den bewussten Stiefeln herein. Nachdem er mehrere Male in äußerster Aufregung auf und ab gegangen war, schlug er sich vor die Stirn und brach in einen wilden Gesang aus, in dem er seinen Hass auf Roderigo, seine Liebe zu Zara und seinen löblichen Entschluss, Ersteren zu töten und Letztere zu gewinnen, an den Tag legte.
Die tiefen Töne des Sängers, mit gelegentlichem Aufschrei bei besonderer Gefühlssteigerung, machten großen Eindruck, und ein lebhaftes Klatschen erfolgte, als er schwieg, um Atem zu schöpfen. Nachdem er sich mit der Gebärde eines an dergleichen gewöhnten Mimen verneigt hatte, schlich er zur Höhle und befahl Hagar mit einem Ruf »Holla, Schatz, ich brauche dich!«, hervorzukommen.
Und Meg, ihr Gesicht von grauem Pferdehaar umhangen, in rot und schwarzem Gewand, einen Stab in der Hand und kabbalistische Zeichen auf dem Mantel, kam zum Vorschein.
Hugo verlangte einen Zaubertrank von ihr, um Zaras Liebe zu gewinnen, und einen anderen, um Roderigo zu töten. Hagar versprach beides in einem schönen, dramatischen Gesang und beschwor den Geist, der den Liebestrank bringen sollte:

Luft'ger Geist, aus deinem Reich
Hierher, hierher komme gleich!
Rosenkind, genährt von Tau,
Deinen Zaubertrank mir brau!
Bring den duft'gen Saft mir her,
Elfenschnell, auf mein Begehr;
Lass ihn süß und kräftig sein;
Geist, ich rufe dich! Erschein!

Eine sanfte Musik ließ sich vernehmen, und im Hintergrund der Höhle erschien eine kleine, in wolkiges Weiß gekleidete Gestalt, mit glänzenden Flügeln, goldenem Haar und einem Rosenkranz auf dem Kopf. Einen Zauberstab schwingend, sang sie:

Ich komme zu dir
Aus luft'gem Revier,
Aus des Mondes silberner Helle,
Nimm den Zauber dahin;
Mit bedächtigem Sinn
Benutz ihn, sonst schwindet er schnelle –

Und eine kleine, vergoldete Flasche zu den Füßen der Hexe werfend, verschwand die Erscheinung. Ein neuer Gesang Hagars rief einen zweiten Geist herbei, nicht einen lieblichen, sondern unter lautem Getöse erschien ein hässlicher Zwerg, der, nachdem er eine Antwort gekrächzt hatte, Hugo eine Flasche zuwarf und unter Hohngelächter verschwand. Darauf ging Hugo ab, nachdem er seinen Dank gesungen und die Flaschen in seine Stiefel gesteckt hatte, und Hagar benachrichtigte die Versammlung, da er in früheren Zeiten einige ihrer Freunde getötet und sie ihn verflucht habe, werde sie seine Pläne durchkreuzen und ihn verderben. Dann fiel der Vorhang, und die Zuhörer verschnauften, während sie Kandiszucker aßen und über die Vorstellung ihre Urteile austauschten.
Ehe der Vorhang sich abermals hob, ließ sich viel Geräusch von Hammerschlägen vernehmen, doch als endlich das entstandene Meisterstück einer kunstvollen Bühnendekoration sichtbar

wurde, murrte niemand über den Verzug. Was man erblickte, war superb. Ein Turm erhob sich bis an die Decke, auf dessen halber Höhe ein erleuchtetes Fenster sichtbar war, hinter dem man, halb von einer Gardine verhüllt, in Weiß und Blau gekleidet die holde Zara bemerkte, die ihres Ritters harrte. Roderigo trat auf, in prächtigem Anzug mit Federbarett, rotem Mantel, braunen Schmachtlocken, eine Gitarre im Arm und, selbstverständlich, in den bekannten Stiefeln.

Am Fuße des Turms kniend, sang er in schmelzenden Tönen eine Serenade. Zara erwiderte diesen Gruß, und nach einem musikalischen Zwiegespräch fassten sie den Entschluss, zu fliehen. Jetzt kam der Haupteffekt des Stücks. Roderigo brachte eine Strickleiter mit fünf Stufen zum Vorschein, warf ein Ende derselben in die Höhe und lud Zara ein, herabzusteigen. Schüchtern schlüpfte sie aus ihrem Fenster, legte ihre Hand auf Roderigos Schulter und war eben im Begriff, graziös herabzugleiten, als sie – wehe, wehe, Zara! – ihre Schleppe vergaß. Diese blieb im Fenster hängen, der Turm schwankte, beugte sich nach vorn, fiel polternd zu Boden und begrub das unselige Liebespaar unter seinen Trümmern.

Ein allgemeines Geschrei erhob sich, als die fuchsroten Stiefel wild unter den Ruinen zappelten und ein goldhaariges Köpfen hervortauchte und jammernd schrie: Ich hab's ja gesagt, ich hab's ja gesagt!

Doch mit bewundernswerter Geistesgegenwart stürzte Don Pedro, der grausame Sire, herbei, zog seine Tochter aus den Trümmern hervor und flüsterte ihr mit einem hastigen »Beiseite« zu: Lach nicht, spiel fort, als ob es so sein müsste!

Und indem er sich an Roderigo wandte, verbannte er ihn voll Zorn und Wut aus seinem Reich. Roderigo, obgleich durch den Einsturz des Turms etwas aus der Fassung gebracht, trotzte diesem Gebot standhaft und weigerte sich, zu gehen. Dieses kühne Beispiel feuerte auch Zaras Mut an, auch sie widerstand dem grausamen Vater, und dieser befahl, beide in den tiefen Kerker des Schlosses zu werfen. Ein kleiner, dicker Diener erschien, der sehr erschrocken aussah und jedenfalls, da er stumm blieb, seine Rolle vergessen hatte, die Liebenden in Ketten schloss und dann hinwegführte.

Im dritten Akt sah man den Saal der Burg. Hagar erschien, in der Absicht, die Liebenden zu befreien und Hugo abzutun. Sie hört ihn kommen und verbirgt sich, beobachtet ihn, wie er die beiden Tränkchen in zwei Becher mit Wein schüttet und dem kleinen Aufwärter befiehlt: Trag diese in die Kerker zu den beiden Gefangenen und sag ihnen, dass ich gleich selbst kommen werde.
Während der kleine Diener Hugo beiseitenimmt, um ihm irgendetwas zu sagen, vertauscht Hagar schleunig die beiden Becher mit zwei unschädlichen. Fernando, der Niedliche, trägt sie fort, und Hagar setzt unbemerkt den für Roderigo bestimmten Giftbecher wieder auf den Tisch. Hugo wird nach einem langen Gezwitscher durstig, trinkt den Becher leer, verliert die Besinnung und fällt nach vielem Gezappel und Getrappel flach auf den Boden und stirbt, während Hagar ihm in einem ausführlichen, vortrefflichen Gesang über das, was sie getan, Bericht erstattet.
Dies war eine wahrhaft erschütternde Szene, obgleich man wohl hätte annehmen können, dass das Herabfallen eines großen Haarschopfes vom Kopf des Bösewichts einigermaßen den Effekt der Todesszene beeinträchtigt haben müsste. Er ward herausgerufen und erschien vor dem Vorhang, Hagar, deren Gesang als die Quintessenz des ganzen Stücks angesehen ward, zierlich an der Hand führend.
Der vierte Akt zeigt den verzweifelten Roderigo, der im Begriff stand, sich wegen Zaras vermeintlicher Untreue zu erdolchen. Eben als der Dolch sich seinem Herzen nähert, belehrt ihn ein liebreizender Gesang unter seinem Fenster, dass Zara ihm treu geblieben, sich aber in Gefahr befindet, aus der er sie retten kann, wenn er will. Ein Schlüssel wird in sein Gefängnis geworfen, er öffnet die Tür, reißt in einem Anfall von Verzückung seine Ketten ab und stürzt davon, um seine Dame zu suchen und zu retten.
Akt fünf endlich wird mit einer heftigen Szene zwischen Zara und ihrem Vater eröffnet. Dieser verlangt, sie solle in ein Kloster gehen, wovon sie nichts hören will, und eben steht sie im Begriff, nach einem rührenden, wiewohl vergeblichen Versuch, des Vaters Herz zu erweichen, in eine Ohnmacht zu sinken, als

Roderigo hereinstürzt und um ihre Hand bittet. Don Pedro schlägt es ihm ab, weil er nicht reich ist.
Alle schreien und gestikulieren ganz erstaunlich viel, ohne sich zu einigen, und Roderigo will die halb tote Zara hinwegtragen, als der schüchterne Diener erscheint und einen Brief nebst einem Bündel von Hagar, die geheimnisvollerweise verschwunden ist, überbringt. Der Brief verheißt dem jungen Paar zahllose Reichtümer und Don Pedro ein schreckliches Geschick, wenn er dem Glück des Liebespaares hinderlich wäre. Das Bündel wird geöffnet, und einige Maßkannen Blechgeld regnen über die Bühne, bis diese ganz davon glitzert. Dies zähmt des Vaters Starrsinn, er willigt ohne Mucken ein, der Chor singt ein Jubellied, und der Vorhang fällt über dem in romantischer Attitüde vor dem sie segnenden Don Pedro knienden Liebespaar.
Lärmender Applaus folgte dem Fallen des Vorhangs, wurde aber auf jähe Weise unterbrochen, dieweil das Feldbett, auf dem die Zuschauerloge errichtet war, zusammenbrach und die enthusiastischen Insassen begrub.
Roderigo und Don Pedro flogen zur Hilfe herbei, und alle wurden unverletzt, obgleich manche halb tot vor Lachen, aus den Trümmern gezogen.
Kaum hatte sich die allgemeine Aufregung etwas beruhigt, als Hannah erschien, mit Mrs Marchs Empfehlung und der Einladung zum Abendessen.
Dies war eine Überraschung, selbst für die Schauspieler, und als sie den gedeckten Tisch erblickten, sahen alle einander mit wortlosem Staunen an. Es sah dem Mütterchen schon ähnlich, ihnen einen kleinen Schmaus zu bereiten: Doch solche Dinge, wie sie sie hier fanden, waren unerhört seit den Tagen vergangenen Überflusses. Da stand Eiscreme, zwei ganze Schüsseln voll, rot und weiß, Kuchen, Obst, köstliches französisches Zuckerwerk und inmitten des Tisches vier große Sträuße von Gewächshausblumen.
Der unerwartete Anblick nahm ihnen fast den Atem, sie starrten erst den Tisch und dann die Mutter an, die sich an ihrem Staunen unendlich zu weiden schien.
Sind's Elfen gewesen?, fragte Amy.
Oder der Weihnachtsmann?, sagte Betty.

Mütterchen tat's. Und Meg lächelte selig, trotz ihres grauen Barts und weißer Augenbrauen.
Tante March hatte einen Anfall und sandte den Schmaus!, rief Jo mit einer plötzlichen Eingebung.
Alles ist falsch geraten; der alte Nachbar Mr Laurence sandte es, entgegnete Mrs March.
Des jungen Laurences Großvater? Was in aller Welt fällt ihm denn ein? Wir kennen ihn ja nicht!, rief Meg.
Hannah hat zu einem seiner Diener von eurem Frühstück gesprochen, und dies hat dem alten, wunderlichen Herrn gefallen. Er hat vor langen Jahren meinen Vater gekannt und sandte mir heute Nachmittag ein höfliches Briefchen, in dem er um die Erlaubnis bat, seinen freundschaftlichen Gefühlen für meine Kinder Ausdruck zu geben, indem er ihnen zu Ehren des Tages einige Kleinigkeiten sende. Ich konnte es nicht abschlagen, und so habt ihr einen kleinen Abendschmaus, der das Brot- und Milchfrühstück ausgleichen möge. (...)
Noch niemals hat mir jemand einen Strauß geschenkt, sagte Meg, mit großem Interesse ihre Blumen betrachtend; wie reizend ist er!
Sie sind prächtig, aber Bettys Rosen sind süßer für mich!, sagte Mrs March, an dem halb welken Sträußchen riechend, das in ihrem Gürtel steckte.
Betty schmiegte sich an ihre Mutter an und sagte leise flüsternd: Ich wünschte, meinen Strauß dem Papa schicken zu können. Er hat wohl kein so frohes Weihnachtsfest wie wir!

KENNT IHR DEN KLEINKINDER-HIMMEL

GOTTFRIED KELLER

Kennt ihr den Kleinkinderhimmel,
Wo als Gott der Zuckerbäcker
Waltet süß und hoch und herrlich
In den Augen kleiner Schlecker?

Und zur Weihnachtszeit, wie flimmert,
Duftet es an allen Wänden!
Welchen Schatz von Seligkeiten
Schüttet er aus mächt'gen Händen!

Läßt erblühen Wunderblumen,
Weise streut er die Gewürze;
Schön stehn ihm die hohe, weiße
Zipfelmütze, Wams und Schürze.

Doch wonach die guten Kinder
Schmachtend vor dem Laden stehen,
Muß dem Reichen, Allgewalt'gen
Reizlos durch die Hände gehen!

Einmal kaum im Jahr genießt er
Aus Zerstreuung in dem Handel
Flüchtig ein gefehltes Törtchen
Und verächtlich eine Mandel.

Zipfelmütze, weiße Schürze,
O wie nüchtern glänzet ihr,
Und wie mahnt ihr mich an weißes
Reinliches Konzeptpapier.

WEIHNACHTS-ZAUBER

ADOLF SCHWAYER

Ungewöhnlich lange dauerte es diesmal. Das ganze schmucke neue Haus duftete schon von Tannengrün und Wachskerzen und noch immer klang die Glocke nicht, das liebe silberhelle Glöcklein, das nur einmal des Jahres erklingt, nur einmal ruft und jubelt: am Christabend.

Wieder und wieder glaubten sie's zu hören. Dann sprangen sie auf, lauschten und liefen vor die Tür. Enttäuscht kehrten sie zurück in das trauliche Halbdunkel ihres Zimmers und überließen sich wieder der drangvoll süßen Ungeduld und froherregenden Erwartungsfreude. Und immer wieder ging die kindliche Phantasie, durchwärmt von heller Herzenslust und durchschauert von ehrfürchtigen Empfindungen, ihre krausen Wege. Tastend jetzt und zaghaft an dunklen verschlossenen Türen vorbei – jetzt jäh auffliegend ins Sonnenland des Märchenhaften, einer aufgescheuchten Schar bunter Vöglein gleich, die im Sonnenglanz verschwinden, als hätt' sich ihnen überschnell eine unsichtbare Pforte aufgetan und rasch wieder geschlossen hinter den scheu Entflohenen.

Jetzt schlug die Uhr vom nahen Kirchturm die Stunde. Sie lauschten und zählten.

»Sechs Uhr schon!«, rief Klein-Elli betroffen. »Um die Zeit war das Christkind immer schon da bei uns.«

»Ja, mein Gott«, meinte altklug der fast achtjährige Otto, der Älteste, »jetzt, wo wir da heraußen wohnen, wird's wohl noch später.«

»Ja«, hauchte Elli und ihre Augen wurden groß dabei.

Und Norbert, der jüngste, ließ sein Spielzeug fallen, starrte die beiden Größeren schier angstvoll an und sagte traurig: »Noch später.«

Alle drei sehnten sich in dieser Stunde zurück in die enge, aber trauliche Wohnung drinnen in dem großen Stadthause, hoch droben im letzten Stockwerk. Erst als Otto daran erinnerte, dass der Vater nie so heiter war wie jetzt, wo sie hier wohnten in den schönen Räumen des kleinen eigenen Hauses – erst dann versöhnten sich die kleinen Zürnenden wieder mit dem neuen Heim, wo noch alles, neu und vornehm, sie anrief: »Rühr mich nicht an! Streif nicht an mich an! Stoß mich nicht ab!« Und scheu wichen sie all dem unvertrauten Neuen und Fremden aus und gingen im Kreise um die Ecken. – Wie war's doch drinnen in der Stadt anders inmitten der lieben alten Möbel, die sie alle kannten und die ihnen allerlei zu erzählen wussten aus der geheimnisvollen Morgendämmerung ihres Daseins. Freilich, der Vater kam dort oft mit trüben Mienen heim und ging stumm in sein Kämmerlein. Dann wanderte die Mutter still von der Küche ins Zimmer und ruhelos wieder zurück. Sie sah, was die Kleinen nicht sahen, aber in ihren reinen Herzen dunkel ahnten: dass an ihres Mannes Seite eine graue Gestalt herangeschlichen war und ihre dürre Hand, ach! so vertraut auf seine Schultern legte – die dürre kleine Hand, die so schwer wiegen und so unerbittlich Lebensglanz und Freudenschimmer verwischen kann wie ein feuchter Schwamm die Schriftzüge auf einer Tafel: die Hand der Frau Sorge. Und sie wusste auch, was die Kinder nicht ahnten und ahnen sollten: dass oft an ihrer bescheidenen Heimstatt Tür der Frau Sorge ungestümere Schwester pochte: die Not.
Ein Glücksfall brachte mit einem Male Sonnenglanz in das nebelumflorte Sorgenleben des kleinen kindergesegneten Beamten. Schier betäubt war er von der Größe und Plötzlichkeit

dieses Glücks. All die drückenden Schulden konnte er bezahlen, seiner stillen Frau kaufen, was sie sich heimlich oft gewünscht, und seine Kinder kleiden, schmuck und fein und sauber, wie er es längst ersehnte. Und allen seinen eigenen Wünschen Erfüllung bieten. Dabei ging er aber oft über das gebotene Maß vornehmen Schönheitssinnes hinaus und verletzte dadurch das zarte Feinheitsgefühl seines Weibes. Anfangs mit stillem Lächeln, bald aber mit Befremden und endlich mit heimlichem Kummer merkte Frau Herma, wie ihr sonst so bescheidener Mann immer mehr die unleidlichen Manieren eines Emporkömmlings annahm und ein Wesens machte, das der Wirklichkeit gar nicht entsprach. Dass sie fortan sorgenlos leben, dass sie sich dieses Häuschen bauen und sich frohgemut der Stunde hingeben konnten – das war alles. Und das war viel, unendlich viel für Hermas seelenheitre Art; aber es war wenig in den Augen der Welt, die nur aufs Äußerliche sieht und nicht ahnen kann, wie unsagbar reich ein armes Menschenherz sein kann, tief drinnen in der Brust. Und Herma war reich gewesen von jeher und hielt auch Konrad, ihren bisher so schweigsamen Mann, für innerlich reich und seelentief. Und nun musste sie sehen, wie er protzte, wie er groß tat vor allen Leuten. Das tat ihr weh. Und sogar der Zweifel bekam allgemach Gewalt über sie. Sie fragte sich, ob ihres Mannes Gemüt wirklich so schlicht sei und so tief bescheiden, als es ihr bisher schien und sie es liebte. Sollte es nur die Sorge, die Not kümmerlich ins Blühen gebracht haben? War das schwere Schweigen nur eine Hülle, die nichts verhüllte?
Heimlich wünschte sie oft, es wäre geblieben wie früher. Lieber ertragen und dulden, lieber sich beugen in Sorgen und Kümmernissen – aber innerlich froh sein können, vertrauensstolz froh und stark in der Überzeugung, in sich einen Schatz zu tragen, den uns niemand rauben kann, in sich ein Feuer brennen zu wissen, das durch nichts auf dieser Welt ganz erlöschen und ganz erkalten kann: die Liebe zueinander und das große tiefe herzbeglückende Vertrauen, das solcher Liebe entspringt. Und jetzt, wo alles Gute in ihnen sprießen, alles Edle blühen konnte, wo sie aus dem Sumpfe kleinlicher gemeiner Alltagssorgen auf festes sicheres Land gerettet waren – jetzt sollte sie erkennen

müssen, dass ihres Mannes Gemüt seicht, seine Gesinnung oberflächlich sei? Auf wiederholte Bemerkungen, die an sein Feingefühl gerichtet waren, hatte er nur ein Lachen, das in seiner selbstsicheren Unbefangenheit Herma weher tat als etwa eine schroffe Abweisung. War er wirklich nur und noch immer glückberauscht oder stand ihr die herbste Enttäuschung ihres Lebens bevor? Sie wollte abwarten, eh sie zum offenen Kampfe überging oder – still verzichtete.

Er aber lebte froh in den Tag hinein und ahnte wohl kaum, was seine Frau heimlich so tief bedrückte. Erst am Weihnachtsabend, als Herma in voller tiefer Stimmung in ihr Zimmer ging und erwartungsfroh jene Lade aufzog, wo sie den lange treu bewahrten Christbaumschmuck verbarg und er, rasch dazwischentretend, ihr verwehrte, den »alten Tand« nochmals auf den Baum zu hängen, trübten ihm die ersten herben Tränen den Glanz seines jungen Glücks. Herma, sein feinfühliges Weib, weinte sie – jäh und unbezwingbar. Er sah sie an wie vom Donner gerührt. Sie aber wischte sich die salzige Flut rasch von den Wangen, schob die Lade zu und ging von ihm weg – still, wortlos, ohne ihn anzusehen. Ging hinüber, den großen hohen Tannenbaum zu schmücken mit den neuen gleißenden Sachen, die er heimgebracht hatte. Still verrichtete sie diese Arbeit an seiner Seite, unfroh, mit unlustschweren Händen. Und wenn sich ihre Blicke begegneten, senkten sie sich rasch oder glitten aneinander vorbei wie an etwas Unliebem. Auch ihm ging nichts recht aus den Händen und in seine Seele kam eine seltsame Unruhe, ein beklemmendes Mahnen und beängstigendes Drängen – die Vorboten der Reue.

Über all dem verging viel Zeit. Und darum währte es heute so ungewöhnlich lange. Und mit den nun verpönten lieben alten Dingen beschäftigte sich unterdessen die heißerregte Phantasie der Kinder. Seit Jahren kehrten sie geheimnisvoll immer wieder, glänzten und strahlten, glitzerten und funkelten aus dem Tannengrün und verschwanden nach dem Heiligendreikönigtage ebenso geheimnisvoll wieder.

Wohin? Das Christkind habe sie wieder geholt, sagte die Mutter. Dem Christkind gehören sie ganz allein und dieses bringe sie immer in dasselbe Haus und verwechsle sie nie. Und je öfter

es dieselben Sachen den gleichen Kindern bringe, desto lieber habe es diese.
Und desto lieber gewannen sie auch die Kleinen. Mit heiliger Scheu sahen sie jedesmal zu dem funkelnden Stern empor, der immer hoch oben am Gipfel des Baumes prangte und sich oft seltsam leise bewegte, als wehe überirdischer Hauch um ihn her oder aus ihm heraus. Und darunter das Christkindlein mit dem Goldscheine um das blondgelockte Haupt. Es lächelte und nickte grüßend herab; auf seinen lieblichen Wangen lag ein rosiger Schimmer, aus seinen großen Blauaugen kam ein Leuchten – unfassbar geheimnisvoll. Diese zwei Heiligtümer hatten die Kinder nie in der Nähe geschaut, nie in den Händen gehabt. Und keines hätte es je gewagt, auch nur den Wunsch zu äußern, sie herunterzuholen. In ein viel vertraulicheres Verhältnis kamen sie allgemach zu den tiefer in den Zweigen hängenden Schaustücken. Sie betasteten sie mit scheuer Neugierde, streichelten sie, nahmen sie wohl öfter behutsam herab und hingen sie aus eigenem Antriebe, oder bedeutsam von der Mutter gemahnt, wieder an ihren Platz – dorthin, wo sie mit zarten Fingern das Christkindlein selbst gehangen hatte. Und jedes der Kinder nahm geistig Besitz von einem bestimmten Gegenstande, der ihm besonders lieb war. Des Sommers oft, wenn trübe Regentage sie in die Stube bannten, sprachen sie unvermutet von all den geheimnisvollen Sachen. Elli am liebsten von einer winzig kleinen Puppe, die, in einem zierlichen Körbchen weich gebettet liegend, sie alljährlich so vertraulich anlächelte, als freute sie sich des Wiedersehens so sehr wie Elli selbst.
Mit heißen Wangen und leuchtenden Augen phantasierte sie eben wieder von ihrem kleinen Liebling und behauptete plötzlich, das liebe Püppchen sei zweifellos ein Spielzeug, mit dem im Himmel droben Lilli, das verstorbene Schwesterlein spielen dürfe inmitten einer Schar fröhlicher Englein. Darum leuchte sie auch immer so himmlisch schön, die Puppe, meinte sie ernsthaft.
Eine Pause trat ein. Alle drei sahen schaurigstill vor sich hin, als sähen sie das von überirdischem Schimmer umflossene Schwesterlein vor sich sitzen und mit den Englein spielen.

Plötzlich brach Otto das klingende singende Schweigen.
»Du Elli«, rief er lebhaft, »weißt du, was ich glaub, wo mein Paradiesvogel immer ist?«
»Dein Paradiesvogel? Den kleinen meinst, den am Baum?«
»Ja, den. Der dem Christkind gehört und so viele Farben hat, so schöne.«
»Nun, wo soll er denn sein? Doch auch im Himmel droben beim Christkind – nicht?«
»O nein! Ich glaub daß der immer ein wirklicher lebendiger Vogel ist, ein großer. Ja. Ich hab ihn einmal fliegen sehn.«
»Fliegen hast du ihn sehn?«, rief Elli und der heilige Schauer des Wunderbaren durchbebte sie.
»Ja!«, sagte Otto, von einem heißen Drange fortgerissen. »Hoch am Himmel droben ist er geflogen. Hoch über die Sterne hin! Und groß war er – groß! Und schön!«
Und das Traumbild einer weißen Glanznacht kühn mit Dichtung mengend, fuhr er lebhaft fort:
»Und weißt du, wo er war? Auf der Erde herunten war er und hat nachgeschaut, ob wir brav sind alle. Und wißt ihr, was er macht? Den Regenbogen macht er! Ja! Mit seinem langen schönen Schweif macht er ihn. Darum hat er so viele Farben – weißt du?«
Er hatte sich ganz heiß geredet und fühlte sich unsagbar beglückt, als er sah, wie Elli sprachlos dastand, des Erstaunens und Verwunderns übervoll.
»Ja, glaubst du›s vielleicht gar nicht«, rief der kleine Dichter endlich gekränkt, als Elli gar nichts erwiderte und nur immer mit großen Augen wie traumhaft vor sich hinschaute.
»Aber freilich glaub› ich›s!«, sagte sie jetzt voll Eifer. »Ich seh's ja! Wirklich wahr – ich seh's!«
Und Norbert, der mit glänzenden Blicken nach Otto geschaut, rief jetzt, angeregt durch die kühne Phantasie Ottos, ganz erhitzt aus: »Ja, und wo ist denn dann mein schöner Bibihahn immer?«
»O, wer weiß, wie›s dem ergangen ist«, sagte Otto großartig kühl. »Du hast ihm ja den Schnabel abgebrochen.«
»O nein!«, verteidigte Elli den Jüngsten, dessen Gesicht sich weinerlich verzog. »Wie der schöne kleine Hahn zum zweiten-

mal gekommen ist, hat er den Schnabel schon gebrochen gehabt. Weißt du's denn nimmer?«
»Ja«, meinte nun Otto. »Wer weiß, wo der herumgerauft hat und mit wem?«
Und immer eifriger umspannen die drei erregten Kinder ihre Lieblinge mit dem goldigen Gewebe naiver Legende. Auf dem klugen weißen Elefanten ritten sie durch ferne Wunderländer, jagten auf der langbeinigen Giraffe durch die schaurige Öde der Wüste und durchschwammen mit dem schwarzen Walfisch, auf des Ungeheuers Rücken in einem zierlichen Häuschen geborgen, das unendliche Meer. Immer heißer wurden ihre Wangen, immer größer ihr Verlangen, wieder das zu sehen, was das Christkindlein nur für sie bestimmt hatte und immer wieder nur ihnen brachte. Und sie nahmen sich vor, mit den kleinen Dingelchen, die sie für verzauberte Lebewesen hielten, recht lieb umzugehn und fragten sich, wo wohl dies und das heuer hängen werde, erinnerten sich, wo es im vorigen Jahr hing und früher. Immer wieder kamen sie auf ihre Lieblingsstücklein zurück und erschraken bis in die Tiefe ihrer kleinen Seelen hinein, als sie nach einem Ausruf Ottos sich vorstellten, was sie wohl täten, wenn die kleine süße Puppe, wenn der prächtige Paradiesvogel oder der stolze kampfmutige Hahn plötzlich in ihren Händen lebendig würden?
Stockenden Atems sahen sie einander an. Da schnarrte plötzlich die elektrische Klingel, die über der Tür angebracht war

und sie mit der Bonne, die sie neuestens hatten, zu den Mahlzeiten rief.
»Zum Essen ruft der Vater – und das Christkind?« Enttäuscht standen sie ratlos da, Tränen stiegen sachte in ihre Augen. Und nochmals schrillte die Glocke. Zugleich ging die Tür auf und Gisa, die Bonne rief herein:
»Ja, Kinder! Hört ihr denn nicht? Das Christkind läutet!«
Jetzt klang und sang und rief und jubelte aus dem großen schönen Zimmer auch wirklich das silberhelle Glöcklein. Die Mutter konnt es sich nicht versagen, es wenigstens in diesem Punkte zu guter Letzt zu halten wie immer bisher. Das stimmte die Kinder wieder warm und erwartungsvoll feierlich.
Sie stürmten in das Zimmer, traten ein – und standen mäuschenstill vor dem großen Baume, der schön und glänzend war wie keiner vorher. Aber von des Baumes Wipfel herab schimmerte ein anderer Stern, schöner zwar, als sie je einen sahen – aber nicht der gewohnte, der liebe und verheißungsvolle Stern. Und er hing steif und still und rührte sich nicht, wie sie auch hinaufschauten. Und ein anderes Christkindlein blickte nieder, lieblich wohl und überaus schön; aber es lächelte nicht so vertraut, wie das, das immer von da droben niedergrüßte. Und in dem Gezweige des Baumes fanden ihre scheu und ängstlich suchenden Blicke die vielen lieben Dingelchen nicht: Elli nicht ihre Himmelspuppe, Otto seinen vielfarbigen Vogel nicht und Norbert nicht seinen stolzen Hahn mit dem abgebrochenen Schnabel.
Staunend, missmutig fast, sah der Vater den Kindern zu, die hilflos befangen vor der schönen Wirklichkeit dastanden und sich ihrer nicht selbstvergessen freuen konnten, weil sie nicht umglänzt und umsponnen war von der Poesie, in der ihre Seelen unbewusst schwelgten. Mit einem scheuen Blick auf den Vater tat zwar Otto so, als ob's ihn über alle Maßen freute; es kam ihm aber nicht recht vom Herzen.
Norbert war der erste, der laut jubelte, als ihm der Vater, ärgerlich halb und halb verschämt, sagte, das große schöne Hutschpferd gehöre ihm. Elli aber stand schier erschrocken vor einer Puppe, die fast größer war als sie selbst und so hochmütig auf die Verschüchterte niederschaute wie eine große vornehme

Dame. Auch sie freute sich ihrer übrigen prächtigen Geschenke wohl – aber es war nicht die jubelnde Freude wie sonst, es wollte nicht der beseligende Rausch der Selbstvergessenheit über sie und ihre mitenttäuschten Brüderchen kommen.
Endlich fragte sie, ruhelos bedrängt, die Mutter heimlich und leise, so dass es der Vater nicht hören sollte, aber doch wohl hörte: »Mutter, hat uns denn das Christkind nimmer lieb?«
Die Mutter verstand, schloss das aufgeregte Töchterlein warm an ihre Brust und flüsterte ihr zu, das Christkind wollte ganz gewiss nur sehen, ob es den Kindern auch wirklich leid tue, wenn sie nicht mehr fänden, was ihnen allein gehöre. Das sagte Elli schnell und insgeheim den Brüdern. Die brachen in lautes Freudengeschrei aus und Otto wurde zum Propheten: über eine Nacht, und das Christkind könne wiederbringen, was sie so liebten – heute noch vielleicht! Der Mutter Augen begannen zu leuchten und froh und hell wurde wieder ihre Stimme. Lächelnd rief sie den staunenden Gatten und die hoffnungsbelebten Kinder zum Abendmahle.
Als nachher die drei kleinen Ruhelosen wieder in das Zimmer traten, wo der Baum stand, brach ein Jubel los sondergleichen: droben am Baumgipfel glänzte der alte liebe Stern und wehte und bewegte sich seltsam geheimnisvoll wie immer. Und unter ihm grüßte das liebe altgewohnte Christkindlein nieder, fröhlich wie noch nie. Und Elli fand ihre Puppe, Otto seinen flugkühnen Sonnenvogel und Norbert den stolzen Hahn mit dem abgebrochenen Schnabel. Der Elefant war da, die langhalsige Giraffe, der dräuende Wal und alles andere auch, wie immer zuvor. Und nun sank echte tiefe heilige Weihnachtsstimmung in die Seelen der Kinder und der Eltern.
Frau Herma aber ging leisen Schrittes und befreiten Herzens auf Konrad, ihren Gatten zu, der, von den Rauchwolken seiner Zigarre schier traumhaft umhüllt, in einer halbdunklen Zimmerecke sinnend saß. Wie hatte er sich, gebefroh, auf diesen Weihnachtsabend gefreut – den ersten ohne Gegenwartssorgen und ohne Bangen für die Zukunft! Und jetzt? Jetzt war ein Missklang in den Festjubel gekommen, hatte ein kühler Hauch den Glanz des Abends getrübt. Ein Missklang? fragte er sich selbst und in seinem Herzen regte es sich warm und weich; ab-

wehrend aber stellten sich trotzige Gedanken davor.
Da kam Frau Herma und lächelte ihn an. Wie leichtes Gewölk im Sonnenbrande verschwanden nun jene glückfeindlichen Gedanken und sein Herz tat sich auf – weit und froh und tief. Aber er verhielt sich still, sah nur das sonnige Lächeln, das er so sehr kannte. Hatte es ihm doch früher so oft die Kraft gegeben, alles von sich abzuschütteln und rüstig weiterzuschreiten – trotzmutig der ungewissen Zukunft entgegen.
Sie erfasste seine Hand und drückte sie warm. Dabei flüsterte sie: »So soll es immer bleiben – nicht wahr?«
»Ja!«, antwortete er schnell und setzte hastig hinzu: »Ich schäme mich. Früher war unser Empfinden bedroht von Sorg' und Kummer, die auf das Gemüt wirken wie Frost und Reif auf die Blumen und Saaten – und jetzt, jetzt hätt' ich bald den Mehltau des platten Philistertums darüber geschüttet. Verzeih mir! Es waren das die Bocksprünge des Glückberauschten, der Übermut des Befreiten. Du und die Kinder – ihr habt mich wieder auf den rechten Weg gebracht. Im Weihnachtszauber hab ich mich wieder selbst gefunden.«
Frau Herma erwiderte nichts. Sie lehnte nur ihr Haupt an seine Brust und drückte wieder seine Hand. Ihr Auge war feucht geworden und ihr Herz erglühte in dem frohen Bewusstsein, ihr ungetrübtes Glück in ihrer und ihres Mannes Brust vertrauensstark gefestigt zu wissen gegen alle Stürme des Lebens. Dieses großen stolzen Gefühles voll, gingen sie schweigend zu den Kindern. Die saßen unter dem Baume und sprachen eifrig und selbstvergessen von dem Märchenleben ihrer Lieblinge, die nun alle Jahre getreulich wiederkamen. Und als die Kinder, herangewachsen, endlich wussten, wer sie eigentlich immer wieder brachte und geheimnisvoll verbarg, da hatten sie sie lieber als je zuvor.

DAS WEIHNACHTS-LAND

HEINRICH SEIDEL

WERNER UND ANNA

Im letzten Hause des Dorfes, gerade dort, wo schon der große Wald anfängt, wohnte eine arme Witwe mit ihren zwei Kindern Werner und Anna. Das wenige, das in ihrem Garten und auf dem kleinen Ackerstück wuchs, die Milch, die ihre einzige Ziege gab, und das geringe Geld, das sie durch ihre Arbeit erwarb, reichte gerade hin, um die kleine Familie zu ernähren, und auch die Kinder durften nicht feiern, sondern mußten solche Arbeit leisten, wie sie in ihren Kräften stand. Sie taten das auch willig und gern und betrachteten diese Tätigkeit als ein Vergnügen, zumal da sie dabei den herrlichen Wald nach allen Richtungen durchstreifen konnten. Im Frühling sammelten sie die goldenen Schlüsselblumen und die blauen Anemonen zum Verkauf in der Stadt und später die Maiglöckchen, die mit süßem Duft aus den mit welkem Laub bedeckten Hügelabhängen des Buchenwaldes emporwuchsen. Dann war auch der Waldmeister da mit seinen niedlichen Bäumchen, die gepflückt werden mußten, ehe sich die zierlichen, weißen Blümchen hervortaten, damit seine Kraft und Würze fein in ihm verbleibe. Sie wanden zierliche Kränze daraus, denen noch, wenn sie schon vertrocknet waren, ein süßer Waldesduft entströmte oder banden ihn in kleine Büschel, die die vornehmen Stadtleute in den Wein taten, auf daß ihm die taufrische Würze des jungen Frühlings zuteil werde.

Später schimmerten dann die Erdbeeren rot unter dem niedrigen Kraut hervor, und während nun die Kinder der reicheren Eltern in den Wald liefen und fröhlich an der reichbesetzten Sommertafel schmausten oder höchstens zur Kurzweil ein Beerensträußlein pflückten, um es der Mutter mitzubringen, saßen Werner und Anna und sammelten fleißig »die guten ins Töpfchen, die schlechten ins Kröpfchen«. Aber sie waren fröhlich dabei und guter Dinge, pflückten um die Wette und sangen dazu.
Noch späterhin wurden auf dem bemoosten Grunde des Tannenwaldes die Heidelbeeren reif und standen unter den großen Bäumen als kleine Zwergenwälder beieinander, indem sie mit ihren dunklen Früchten wie niedliche Pflaumenbäumchen anzusehen waren. Auch diese sammelten sie mit blauen Fingern und fröhlichem Gemüt in ihre Töpfe, und dann ging's ins Moor, wo die Preißelbeeren standen, die so zierliche Blüten wie kleine, rosig angehauchte Porzellanglöckchen und Früchte rot wie Korallen haben und eingemacht über die Maßen gut zu Apfelmus schmecken.
Von der alten Liese, die alle Tage mit einem baufälligen Rößlein und einem Wagen voll Gemüse und dergleichen in die Stadt fuhr und für die Kinder verkaufte, was sie gesammelt hatten, lernten sie noch manches kennen, was die Stadtleute lieben und gern für ein paar Pfennige erwerben. So suchten sie in der Zwischenzeit allerlei zierliche Moose und Flechten, wie sie in trockenen Kiefernwäldern mannigfaltig den Boden bedecken und sich mit sonderlichen und zierlichen Gestaltungen bescheiden hervortun. Da fanden sie solche rot und ästig wie kleine Korallen und andere, die einem Haufen kleiner Tannenbäumchen glichen. Aus wieder anderen wuchsen die Blütenorgane gleich kleinen Trompetchen oder spitzen Kaufmannstüten hervor, während noch wieder andere kleine Keulen emporstreckten, die mit einem Knopf wie von rotem Siegellack geschmückt waren. Solches Moos lieben die Stadtleute auf einem Teller freundlich anzuordnen, damit sich ihr Auge, wenn es müde ist, über die große Wüste von Mauern und Steinsäulen zu schweifen, auf einem Stück fröhlichen Waldbodens ausruhen könne.

Unter solchen fleißigen und freudigen Tätigkeiten kam dann der Herbst heran und die Zeit, da die Stürme das trockene Holz von den Bäumen werfen und es günstig ist, die Winterfeuerung einzusammeln, die Zeit, wo sie sich schon zuweilen auf die schönen Winterabende freuten, wenn das Feuer in dem warmen Ofen bullert und sein Widerschein auf dem Fußboden und an den Wänden lustig tanzt, wenn die Bratäpfel im Rohr schmoren und zuweilen nach einem leisen »Paff« lustig aufzischen, und die Mutter bei dem behaglichen Schnurren des Spinnrades ein Märchen erzählt. Unter solchen Gedanken schleppten sie fröhlich Tag für Tag ihr Bündelchen Holz heim und türmten so allmählich neben der Hütte ein stattliches Gebirge auf. Zuweilen hing auch ein Beutel mit Nüssen an dem Bündel; diese holten sie gelegentlich aus dem großen Nußbusch, wo in manchem Jahre so viele wuchsen, daß, wenn man mit einem Stock an den Strauch schlug, die überreifen Früchte wie ein brauner Regen herabprasselten. Wenn sie davon genug mitgebracht hatten, wurden die Nüsse in einen größeren Beutel getan und in den Rauchfang gehängt, um für Weihnachten aufgehoben zu werden. Weihnachten, das war ein ganz besonderes Wort, und die Augen der Kinder leuchteten heller auf bei seinem Klange. Und doch brachte ihnen dieser festliche Tag so wenig. Ein kleines, winziges Bäumchen mit ein paar Lichtern und Äpfeln und selbstgesuchten Nüssen und zwei Pfefferkuchenmännern, darunter für jedes ein Stück warmes Winterzeug und, wenn's hoch kam, ein einfaches, billiges Spielzeug oder eine neue Schiefertafel, das war alles. Doch von den wenigen, kleinen Lichtern und von dem goldenen Stern an der Spitze des Bäumchens ging ein Leuchten aus, das seinen traulichen Schein durch das ganze Jahr verbreitete und dessen Abglanz in den Augen der Kinder jedesmal aufleuchtete, wenn das Wort Weihnachten nur genannt wurde.

Als es nun Winter geworden war und sie eines Abends behaglich um den Ofen saßen und die Mutter gerade eine schöne Weihnachtsgeschichte erzählt hatte, sah der kleine Werner eine ganze Weile ganz nachdenklich aus und fragte dann plötzlich: »Mutter, wo wohnt denn der Weihnachtsmann?«

Die Mutter antwortete, indem sie den feinen Faden durch die

Finger gleiten ließ und das Spinnrad munter dazu schnurrte: »Der Weihnachtsmann? Hinter dem Walde in den Bergen. Aber niemand weiß den Weg zu ihm; wer ihn sucht, rennt vergebens in der Runde, und die kleinen Vögel in den Bäumen hüpfen von Zweig zu Zweig und lachen ihn aus. In den Bergen hat der Weihnachtsmann seine Gärten, seine Hallen und seine Bergwerke, dort arbeiten seine fleißigen Gesellen Tag und Nacht an lauter schönen Weihnachtsdingen, in den Gärten wachsen die silbernen und goldenen Äpfel und Nüsse und die herrlichsten Marzipanfrüchte, und in den Hallen sind die schönsten Spielsachen der Welt zu Tausenden aufgestapelt.«
Diese Geschichte kam Werner nicht wieder aus dem Sinn, und er dachte es sich herrlich, wenn es ihm gelingen könnte, den Weg nach diesem Wunderlande zu entdecken. Einmal war er bis in die Berge gelangt und war dort lange umhergestreift, aber er hatte nichts gefunden als Täler und Hügel und Bäume wie überall. Die Bäche, die dort liefen, schwatzten und plauderten wie alle Bäche, allein sie verrieten ihr Geheimnis nicht, die Spechte hackten und klopften dort wie anderswo im Walde auch und flogen davon und an den Eichhörnchen, die eilig die Bäume hinaufkletterten, war auch nichts Besonderes zu sehen. Wenn ihm nur jemand hätte sagen können, wie der Weg in das wunderbare Weihnachtsland zu finden sei, er hätte das Abenteuer wohl bestehen wollen. Aber die Leute, die er danach fragte, lachten ihn aus, und als er deshalb der Mutter seine Not klagte, da lachte sie auch und sagte, das solle er sich nur aus dem Sinne schlagen; was sie ihm damals erzählt habe, sei ein Märchen gewesen wie andere auch.
Aber der kleine Werner konnte die Geschichte doch nicht aus seinen Gedanken bringen, obgleich er nun niemand mehr danach fragte. Nur mit der kleinen Anna sprach er zuweilen beim Holzsammeln davon, und beide malten sich schöne Traumbilder aus von den Herrlichkeiten des wunderbaren Weihnachtslandes.

DER KLEINE VOGEL

An einem Morgen kurz vor Weihnachten nahm Werner das Küchenbeil über die Schulter und ging allein in den Wald, denn der Förster, der den Knaben gern sah, hatte ihm auch in diesem Jahre wieder erlaubt, sich selbst ein Tannenbäumchen für den Weihnachtsabend abzuhauen. Ausgesucht hatten die Kinder sich dieses schon lange und waren nach vielem Beraten und Erwägen einig geworden, daß im ganzen Walde kein schöneres zu finden sei. Es stand ziemlich weit draußen ganz allein unter dem Schutz einer einzelnen alten Buche und war so nett und zierlich gewachsen, daß es eine wahre Freude war.

Es war ein schöner milder Wintertag, die Sonne schien vom unbewölkten Himmel, und der Waldboden war mit ein wenig Schnee wie mit Streuzucker gepudert, so recht ein Tag für die kleinen Waldvögel, die im Winter bei uns bleiben. Man hörte in der stillen Luft überall das muntere Zwitschern und Locken der Meisen und Goldhähnchen, die sich in kleinen Scharen in den Wipfeln umhertrieben und die feinen Zweiglein und Äste der Bäume gar emsig absuchten. Als Werner bei der alten Buche und dem Tannenbäumchen angelangt war, setzte er sich eine Weile auf einen Baumstumpf, um sich auszuruhen. Rings war es so still wie in einer einsamen Kirche, nur ein Bächlein ging mit leisem Plätschern und dunklem Gewässer durch seine beschneiten Ufer hin, und aus der Ferne kam zuweilen der scharfe Schrei eines Hähers. Er verfiel wieder in seine alten Träumereien über das wunderbare Weihnachtsland, und die Sehnsucht nach diesen Herrlichkeiten bemächtigte sich seiner so, daß er vor sich hinrief: »Ach, wer mir doch den Weg sagen könnte ins Weihnachtsland!«

Da ging ein lauteres Getön durch die Wellen des Baches, wie ein rieselndes Gelächter, eine Waldmaus guckte aus ihrer Höhle am Stamm und kicherte mit feiner Stimme, und im Wipfel der alten Buche wiegte und wogte es, als schüttele sie den Kopf über solcherlei Torheit. In dem kleinen Tannenbaum, der vor ihm stand, zwitscherte es aber plötzlich fein und vernehmlich; es war eine Blaumeise, die von Zweig zu Zweig hüpfte, bald oben saß, bald unten hing und dazu fortwährend ihren Ruf erklingen ließ: »Ich weiß! Ich weiß!«

»Was weißt du?«, fragte Werner.
Der kleine Vogel warf sich rücklings von einem Zweig, schoß auf possierliche Art in der Luft Kobolz und saß dann wieder und rief: »Ich weiß den Weg! Ich weiß den Weg!«
»So zeig ihn mir!«, sagte Werner rasch.
Nun fing der kleine Vogel wieder ein feines Gezwitscher an, aber der Knabe verstand alles: »Bist gut gewesen!« sagte er. »Hast mir die Kinderchen beschützt, meine zehn kleinen Kinderchen! Ich weiß den Weg, ich zeig' ihn dir! Fix! Fix!«
Damit flog das Tierchen auf den nächsten Strauch und weiter, und Werner folgte ihm. Er hatte die Rede des Vogels anfangs nur halb begriffen, doch zuletzt fiel es ihm ein, daß es eine Blaumeise gewesen war, durch deren ängstliches Geschrei er in dem vergangenen Frühjahr zu der alten Buche gelockt wurde. Dort sah er, wie ein Häher vor dem Baumloche saß, in dem ihr Nest war, im Begriff, die kleinen, nackten Meisenjungen herauszuholen, um sie zu verzehren, indes die Mutter mit ihren schwachen Kräften unter jämmerlichem Schreien ihre Brut zu verteidigen suchte. Schnell hob er einen Stein auf und warf so glücklich, daß der Häher zu Tode getroffen zu Boden fiel.
Nun wollte sich die kleine Blaumeise in ihrer Art dankbar beweisen. Sie flog immer von Busch zu Busch vor ihm her, dem Laufe des Baches entgegen, der aus den Bergen kam. Bald hob sich der Boden und der Bach plätscherte lauter zu Werners Füßen dahin; dann gelangte er in ein ansteigendes Tal, das sich immer mehr verengte, indes die Seitenwände steiler wurden, und zuletzt, als der Bach plötzlich um einen Felsvorsprung bog, sah Werner vor sich eine glatte Steinwand, die hoch aufragte und oben mit mächtigen Tannen gekrönt war. Der kleine Vogel war plötzlich verschwunden, doch tönte seine Stimme von oben, in der Ferne verhallend: »Gleich! Gleich!«
Werner setzte sich auf einen Felsblock und betrachtete die Steinwand. Sie war glatt und ohne Fugen und mit Moos und bunten Flechten bewachsen; sonst war nichts an ihr zu sehen. So saß er und wartete. Der Bach schoß unablässig plätschernd zur Seite, aus einem Felsenspalt und aus den Tannenwipfeln kam das eintönige Singen der Zweige, sonst war kein Laut ringsum vernehmbar. Endlich hörte er ein leises Flattern über

sich, und eine Haselnuß fiel vor seine Füße. »Nimm! Nimm!«, rief der kleine Vogel. »Beiß auf! Beiß auf!«
Werner nahm die Nuß und betrachtete sie. Es war nichts Besonderes an ihr zu sehen, aber wenn man sie schüttelte, so klapperte es, als sei etwas Hartes eingeschlossen. Er knackte sie auf und fand einen zierlichen goldenen Schlüssel darin. Unterdes war der kleine Vogel an die Steinwand geflogen, hatte sich dort mit seinen feinen Füßchen angehäkelt und pickte so emsig zwischen den Flechten herum, daß die Stückchen davonflogen. Endlich rief er: »Hier! Hier!«
Werner trat hinzu und bemerkte nun ein kleines, mit Silber eingefaßtes Schlüsselloch. Der goldene Schlüssel paßte ganz genau hinein, und als Werner ihn umdrehte, da ging ein merkwürdig feines Klingen durch die Steinwand, und es tat sich ganz von selbst eine schwere Tür auf, die so genau in ihren Rahmen paßte, als sei sie eingeschliffen. Zugleich strömte eine warme, bläuliche Luft aus der Öffnung hervor, und es verbreitete sich ein Duft nach ausgeblasenen Wachskerzen und angesengten Tannennadeln.
»O, wie riecht das nach Weihnachten!« sagte der kleine Werner. Der Vogel aber rief: »Hinein! Hinein! Fix! Fix!«
Kaum hatte Werner, dem doch etwas ängstlich zumute war, ein paar Schritte in den dunklen Gang hinein gemacht, so fühlte er hinter sich einen Luftzug, und plötzlich war es ganz finster, denn die Tür hatte sich lautlos wieder geschlossen. Nun sank ihm doch ein wenig der Mut, da jede Rückkehr abgeschlossen war, aber da er zugleich einsah, daß Zittern und Zagen hier nichts helfe, so tappte er entschlossen in dem finsteren Gange weiter.

DAS WEIHNACHTSLAND

Bald wurde es heller vor ihm, und dann trat er hinaus in eine wunderliche Gegend, wie er solche noch niemals gesehen hatte. Es war dort warm, doch war es nicht Sommerwärme, die ihm entgegenschlug, sondern eine Luft, wie sie in geheizten Stuben zu sein pflegt, angefüllt mit allerlei süßen Düften. Auch schien keine Sonne an dem Himmel, und doch war überall eine gleichmäßige Helle verbreitet. Von der Gegend selbst sah er nicht viel, denn hinter ihm stand die hohe Felsenwand, durch die er hereingekommen war, und ringsum verdeckten die Aussicht viele hochgewachsene Sträucher, an denen die seltsamsten Früchte wuchsen. Als er verwundert und staunend zwischen diesen Gewächsen einherschritt, fand er bald eine breite Allee, die auf ein fernes Gebäude zuführte. Zu beiden Seiten war sie mit großen Apfelbäumen eingefaßt, auf denen goldene und silberne Äpfel wuchsen. Alte, gnomenartige Männer mit eisgrauen Bärten und schöne junge Kinder waren eifrig beschäftigt, sie zu pflücken und in große Körbe zu sammeln, deren viele schon mit ihrer schimmernden Last ganz gefüllt dastanden. Keiner von diesen Leuten achtete aber auf den kleinen Werner, der unter steter Verwunderung auf das Gebäude im Hintergrunde, das sich jetzt als ein großes Schloß mit ragenden Türmen und vergoldeten Kuppeln und Dächern darstellte, zuschritt. An den Seiten des Weges lagen viele Felder, die in Beete geteilt und mit niedrigen Gewächsen bestanden waren. Auch hier herrschte überall eine emsige Tätigkeit, einzusammeln und zu ernten, und auf den einzelnen Felder, die sich je nach der Art ihrer Gewächse in verschiedenen Farben hervorhoben, waren überall zierliche, bunte Gestalten zu sehen, die kleine, zweiräderige Karren mit goldfarbigen, zottigen Pferdchen bespannt, fleißig beluden.

Als sich Werner dem Schlosse näherte, fiel es ihm auf, daß sich ein Duft nach Honigkuchen immer stärker verbreitete, und als er näher zusah, bemerkte er, daß das ganze Schloß aus diesem süßen Stoff erbaut war. Der Unterbau bestand aus groben Blöcken und die Wandflächen aus glatten Tafeln, die durch eingedrückte Mandeln und Zitronat mit den herrlichsten Ornamenten verziert waren. Und die köstlichsten Reliefs aus Marzipan, die überall eingelassen waren, die Ballustraden und Galerien und Balkone aus Zuckerguß, die prächtigen Statuen aus Schokolade, die in vergoldeten Nischen standen, und die schimmernden bunten Fenster, zusammengesetzt aus durchsichtigen Bonbontafeln, fürwahr, das war ein Schloß, so recht zum Anbeißen schön. An der kunstreichen Eingangstür war der

Knopf eines Klingelzuges von durchsichtigem Zucker angebracht; der kleine Werner faßte Mut und zog kräftig daran. Aber kein Glockenton erschallte, sondern es schrie inwendig so laut: »Kikeriki!«, daß der Knabe erschrocken zurücktrat. Dann wiederholte sich der Ruf wie ein Echo mehrmals immer ferner und leiser im Inneren des Gebäudes, und dann war es still. Jetzt taten sich leise die Türflügel auseinander, und in der Öffnung erschien eine sonderbare Persönlichkeit, die Werner, wenn sie nicht gelebt und sich bewegt hätte, unbedingt für einen großen Hampelmann angesehen haben würde.

»Potz Knittergold!«, sagte diese lustige Person, – »Besuch? Das ist ja ein merkwürdiger Vorfall!« Und damit schlug er aus Verwunderung oder Vergnügen ein paarmal sämtliche Gliedmaßen über dem Kopf zusammen, so daß es beinahe schauderhaft anzusehen war. Sodann fragte er, indem Arme und Beine fortwährend hin und her schlenkerten: »Was willst du denn, mein Junge?«

»Wohnt hier der Weihnachtsmann?«, fragte der kleine Werner.

»Gewiß«, sagte der Hampelmann, »und Ihro Gnaden sind zu Hause, aber sehr beschäftigt, sehr beschäftigt!« – Damit forderte er den Kleinen auf, ihm zu folgen, indem er sich in seltsamer Weise unter unablässigem Schlenkern seitwärts fortbewegte, denn anders ließ es die eigentümliche Beschaffenheit seiner Gliedmaßen nicht zu. Er führte den Knaben durch einen Vorsaal, dessen Wände aus Marzipan bestanden und dessen Decke von Säulen aus polierter Schokolade getragen wurde, an eine Tür, vor der zwei riesige Nußknacker in großer Uniform und mit ungeheuren Bärenmützen Wache standen, ließ ihn hier warten und ging hinein.

Die Nußknacker betrachteten unterdes den kleinen Werner mit großen lackierten Augen, schielten sich dann unter einem unbeschreiblich hölzernen Grinsen gegenseitig an, und dabei gnuckerte es in ihnen, als ob sie mit dem Magen lachten. Nun kam der Hampelmann wieder heraus, machte von seitwärts eine sehr schöne Verbeugung und sagte: »Der gnädige Herr läßt bitten!« Da ruckten sich die Nußknacker zusammen und schlugen mit den Zähnen einen Wirbel, der ganz außerordentlich war.

Als der kleine Werner in das Zimmer des Weihnachtsmannes eintrat, erstaunte er sehr, denn dieser sah nicht im mindesten so aus wie er sich ihn vorgestellt und wie er ihn auf Bildern abgemalt gesehen hatte. Zwar besaß er einen schönen langen, weißen Bart, wie es sich gehört, allein auf dem Kopfe trug er ein blaues, mit Gold gesticktes Hauskäppchen, und sonst war er gekleidet in einen langen Schlafrock von gelber Seide und saß vor einem großen Buch und schrieb. Aber dieser Schlafrock war mit so wunderbarer Stickerei bedeckt, daß man ihn wie ein Bilderbuch betrachten konnte. Darauf waren zu sehen: Puppen und Hanswürste und sämtliche Tiere aus der Arche Noahs, Trommeln, Pfeifen, Violinen, Trompeten, Kränze und Kringel und Sonne, Mond und Sterne.

Der Weihnachtsmann legte seine Feder weg und sagte: »Wie kommst du hierher, Junge?«

Werner antwortete: »Der kleine Vogel hat mir den Weg gezeigt.«

»Seit hundert Jahren ist kein Besuch hier gewesen«, sagte der Weihnachtsmann sodann, »und dieser kleine Bengel bringt es fertig? Na, dafür sollst du auch alles sehen. Ich habe zwar keine Zeit, aber meine Tochter soll dir alles zeigen. Goldflämmchen, komm mal her«, rief er dann, »wir haben Besuch!«

Da raschelte und flitterte es im Nebenzimmer, und ein schönes kleines Mädchen sprang in die Stube, das hatte ein Kleidchen von Rauschgold an und flimmerte und blinkte am ganzen Leibe. Es trug ein goldenes Flitterkrönchen auf dem Kopfe, und auf dessen oberster Spitze saß ein leuchtendes Flämmchen.

»Ei, das ist hübsch!« sagte das Mädchen, nahm den kleinen Werner bei der Hand, rief: »Komm mit, fremder Junge!« und lief mit ihm zur Tür hinaus.

DAS WEIHNACHTSLAGER

Sie gelangten in einen großen Gang, und dort war eine lange Reihe von hölzernen Rollpferden angebunden, Schimmel, Braune, Füchse und Rappen.

»Nun suche dir eins aus!«, sagte Goldflämmchen.

Werner wählte einen schönen lackierten Grauschimmel, der auf dem Hinterteil gar herrlich mit apfelähnlichen Flecken geziert war, und Goldflämmchen bestieg einen spiegelblanken Rappen. »Hüh!«, rief sie dann und – schnurr – rollten die Pferdchen mit ihnen davon, den Gang entlang, daß dem kleinen Werner die Haare flogen und das Flämmchen auf der Flitterkrone des Mädchens lang zurückwehte. Als sie an die Tür am Ende kamen, rief sie: »Holla!« Da tat sich diese von selbst auf, und sie sausten hindurch in einen großen Saal hinein, in dessen Mitte sie anhielten. Sie stiegen von ihren Rößlein und Goldflämmchen sagte: »Dieser Saal ist der Bleisaal.« An den Wänden zogen sich bis an die Decke hinauf offene Wandschränke mit Borten über Borten hin, und darauf standen, in Schachteln verpackt, unzählige Heere von Jagden, Schäfereien, Schlittenpartien, Menagerien und was es aus Blei nur alles gibt. Kleine schwarzbärtige Zwerge stiegen eilfertig auf den Leitern auf und ab und luden die Schachteln auf Karren, die sie hinausrollten, um draußen größere Wagen damit zu befrachten. Als sie Werner und Goldflämmchen erblickten, rollten sie schnell ein paar Lehnstühle von Goldbrokat herbei, und Goldflämmchen rief: »Es soll gleich eine große Parade sein!«
Sie setzten sich und hatten kaum eine halbe Minute gewartet, da ging's: »Trari, Trara!« unter dem einen Wandschrank, und Hirsche, Hase und Füchse brachen hervor, hinterher die kläffende Hundemeute und die Jäger zu Pferde mit Hussa, Hörnerklang und Peitschenknall. Dann flimmerte es auf einmal in der Luft und feiner Schnee fiel hernieder. Als der Boden weiß bedeckt war, kam mit lustigem Schellengeklingel eine Schlittenpartie zum Vorschein und sauste vorüber. Die Vorderteile der Schlitten waren gebildet wie Schwäne, Löwen, Tiger und Drachen, und darin saßen Herren und Damen in schönen Pelzen, und wenn sie vorüberkamen, warfen sie mit kleinen Schneebällen, die Damen nach Werner und die Herren nach Goldflämmchen. Wenn man einen solchen Schneeball aber näher besah, da war es eine Zuckererbse, in Seidenpapier gewickelt. Der Schnee verlor sich wieder, und mit lieblichem Glockengeläut zogen nun Hirten und Hirtinnen mit ihren Herden vorüber, dann niedliche Gärtnerinnen mit Früchten und Blumenkrän-

zen, dann Musikanten, Drahtbinder, Seiltänzer, Kunstreiter und solcherlei fahrendes Volk, und zuletzt Herr Hagenbeck aus Hamburg mit einer afrikanischen Tierkarawane, mit Giraffen, Elefanten, Nilpferden, Nashörnern, Zebras und Antilopen. Die Löwen und Panther fuhren in Käfigen auf kleinen Wagen hinterher und brüllten ungemein, da sie wahrscheinlich der Ansicht waren, sie brauchten sich dergleichen nicht gefallen zu lassen.

Nach Beendigung dieser lustigen Parade bestiegen die beiden Kinder wieder ihre Rößlein und fuhren weiter. Es war ungeheuer, was der kleine Werner alles zu sehen bekam. Den großen Puppensaal, aus dem er sich nicht viel machte und von dem er nur wünschte, daß Anna ihn sehen möchte, das Theatermagazin, in dem auf Goldflämmchens Geheiß gleichzeitig in tausend Theatern tausend verschiedene Stücke gespielt wurden, was einen erbärmlichen Spektakel abgab, den Baukastenspeicher, das Lager musikalischer Instrumente, das Magazin hölzerner Tiere, die Bilderbücherei, den Malkastenboden, den Wachslichtersaal und dergleichen mehr, so daß er ganz ermüdet war, als sie endlich in der großen Marzipanniederlage anlangten.

»Nun wollen wir essen«, sagte Goldflämmchen. Sofort schleppten sechs kleine Konditorburschen in weißen Jacken und Schürzen und breiten, weißen Mützen einen Tisch herbei, deckten ihn und besetzten ihn in großer Geschwindigkeit mit den herrlichsten Gerichten. So etwas hatte der kleine Werner noch niemals vor seinen Schnabel bekommen. Da waren Leipziger Lerchen von Marzipan, inwendig mit Nußcreme gefüllt, Quittenwürste, Schinken von rosigem Schmelzzucker, Pastetchen mit Erdbeermus und unzählige Sorten eingezuckerter Früchte. Dazu tranken sie Ananaslimonade, die mit feinem Vanillecreme bedeckt war, und hinter ihnen standen immer die sechs kleinen Konditorburschen, bereit, auf jeden Wunsch zu springen und das Verlangte zu holen. Zum Nachtisch gab es, wie Goldflämmchen besonders bemerkte, etwas ganz Extrafeines, nämlich trockenes Schwarzbrot und Berliner Kuhkäse. Solche gewöhnlichen Gerichte waren nämlich in diesem Lande so selten und so schwer zu haben, daß sie für die allerschönsten Delikatessen galten. Nach dem Essen wurden die Holzpferde wieder vorgeführt und Goldflämmchen sagte: »So, nun geht's in die Bergwerke!« Sie stiegen auf und sausten auf den vortrefflichen Tieren zum nächsten Tore hinaus.

Die Bergwerke

Sie ritten durch Felder dahin, auf denen die herrlichsten Früchte und Gemüse wuchsen, die alle aus Marzipan, Schmelzzucker oder Schokolade mit Creme gefüllt bestanden, sie ritten mit sausender Eile durch herrliche Alleen von Obstbäumen auf das Gebirge zu, das teils mit weißen, glänzenden Abhängen, wie Kreidefelsen, teils finster und dunkel, als wenn es aus Basalt bestände, vor ihnen lag. Aber die Kuppen der fast schwarzen Berge waren ebenfalls glänzend weiß, als seien sie beschneit.

»Du denkst wohl, dort liegt Schnee?«, sagte Goldflämmchen. »Wenn es hier schneit, da schneit es nur Streuzucker.«

Endlich sah Werner eine hohe, abgestufte, weißglänzende Felsenwand vor sich liegen, an der Hunderte von Arbeitern in allen Stockwerken mit Pochen und Hämmern fleißig beschäftigt waren. Sie ritten dicht heran und stiegen dann ab. »Dies ist der große Zuckerbruch«, sagte Goldflämmchen. »Diese ganzen Felsen bestehen aus dem schönsten weißen Kolonialzucker.«

Ganz in der Nähe war der Eingang einer Höhle sichtbar, und als sich ihr Werner und Goldflämmchen näherten, liefen eilfertig einige von den Bergleuten herbei, zündeten Fackeln an und leuchteten ihnen. Sie schritten tief in den Berg hinein, die Wände schimmerten und blitzten im Widerschein des Fackellichtes, und plötzlich traten sie hinaus in einen mächtigen Hohlraum, dessen Wände dicht mit riesenhaften Kristallen von durchsichtigem Kandiszucker bedeckt waren und im Lichte der Fackeln prächtig flammten und blitzten.

»Die große Kandishöhle!«, sagte Goldflämmchen. Sie schritten hindurch und kamen an einen Ort, wo die Bergleute fleißig hämmerten und pochten und neue Gänge in das Gebirge trieben.

»Diese suchen nach Schmelzzucker!«, sagte Goldflämmchen. »Der kommt in dieser Gegend in großen Nestern eingesprengt vor. Wenn sie ein solches finden, so holen sie ihn mit großen Löffeln heraus.«

Plötzlich, als sie noch weiter vordrangen, veränderte sich auf einen Schlag das Gebirge, statt weiß und glänzend, sah es matt und dunkelbraun aus und roch nach Vanille. »Wir kommen in die Schokolade!«, erklärte Goldflämmchen.

Hier waren viele Leute geschäftig und hatten wie in einem Salzbergwerk große Hallen herausgebrochen, in denen nur einzelne Pfeiler stehengeblieben waren. Die feinste Vanilleschokolade gab es nämlich nur im Innern des Berges, während der Tagebau draußen bloß Gewürzschokolade lieferte. Als sie dort endlich wieder ins Freie traten, bemerkte Werner einen rauschenden Bach, der aus einer Schlucht des Gebirges hervorkam und dem Tale zuströmte, wo er Mühlen trieb, die die Schokoladenblöcke in Tafeln zersägten.

»Willst du mal trinken?«, fragte Goldflämmchen, »es schmeckt gut, es ist eitel Likör.« Der kleine Werner hatte einen mächtigen Durst bekommen von den vielen Süßigkeiten, die er genossen und gesehen hatte, und aus dem Bache stieg ein so frischer, verlockender Duft auf, daß er den Becher eilig ergriff, den ihm ein gefälliger Bergmann reichte, und ihn auf einen Zug austrank. Aber kaum hatte er ihn geleert, da fing die Welt an, in höchst sonderbarer Weise um ihn herumzugehen, er sah zwei Goldflämmchen, vier Goldflämmchen, hundert Goldflämmchen, die vor seinen Augen flimmerten und blitzten und schließlich zu einem leuchtenden Schein zusammenflossen, und in diese goldene Flut hinein schwamm seine Besinnung und war weg.

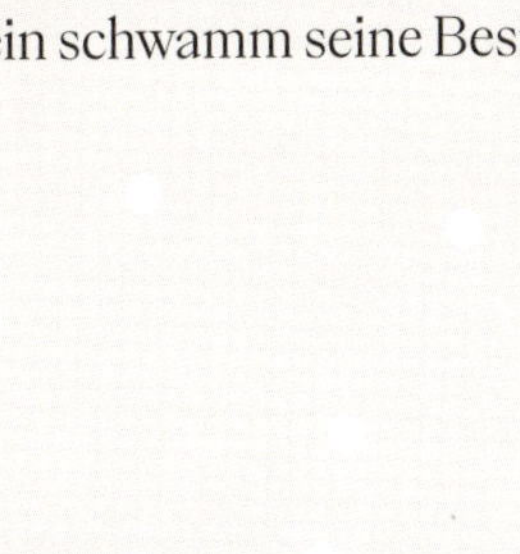

SCHLUSS

Der erste Ton, den der kleine Werner wieder vernahm, war das Zirpen einer Blaumeise. Er bemerkte mit Verwunderung, daß er auf dem Baumstumpf unter der alten Buche saß, vor sich den kleinen Tannenbaum. Die Blaumeise zirpte und hüpfte wie vorhin in den Tannenzweigen, allein Werner verstand nicht mehr, was sie sagte. Dann flog sie empor und verlor sich in dem Gezweige der Buche. Mit Schrecken fiel ihm jetzt ein, daß es bald Abend sein müsse und seine Mutter gewiß schon voller Angst auf ihn gewartet habe. Allein als er nach dem Stande der Sonne blickte, ward er mit Erstaunen gewahr, daß kaum eine Viertelstunde vergangen sein konnte, seit er diesen Ort verlassen hatte. Er konnte sich dies verwunderliche Ding nicht erklären, da er jedoch zu begierig war, seiner Mutter und der kleinen Anna seine sonderbaren Erlebnisse mitzuteilen, so hieb er schnell den Tannenbaum ab und begab sich, so schnell er es mit seiner Last vermochte, nach Hause. Als er hier mit glänzenden Augen und fliegender Hast alles erzählt hatte, ward seine Mutter ganz böse und sagte, er solle sich nicht unterstehen und noch einmal bei solchem Wetter im Walde einschlafen; wenn es nur etwas kälter gewesen wäre, hätte er den Tod davon haben können. Hinterher aber schüttelte sie den Kopf und meinte im stillen: »Wo der Junge nur all das wunderliche Zeug herträumt.«

Anna aber lief dem kleinen Werner, der weinend, daß ihm die Mutter keinen Glauben schenkte, hinausgegangen war, eilends nach und ward nicht müde, ihn auszufragen. Besonders Goldflämmchen und den Puppensaal mußte er immer wieder beschreiben, so daß er ganz getröstet wurde und die Geschichte noch einmal von vorn erzählte. Er mußte sie ihr all die folgenden Tage wer weiß wie oft wiederholen, und einmal gingen beide in den Wald, um den Ort zu suchen, wo der Eingang in das wunderbare Land gewesen war. Allein, ob sie gleich bis an die Stelle vordrangen, wo der kleine Bach aus einer sumpfigen Waldwiese entsprang, nirgends fanden sie einen Ort, der auch nur im mindesten auf die Beschreibung Werners gepaßt hätte, so daß dieser ganz verwirrt und beschämt vor Anna dastand und nicht wußte, wie ihm geschah.

So kam der Weihnachtstag heran. Vorher hatte es zwei Tage mächtig geschneit, so daß die Welt recht weihnachtsmäßig und wie es sein muß, aussah. Es war schon finster geworden, und die Kinder saßen erwartungsvoll in der dunklen Kammer und flüsterten miteinander und horchten auf die Mutter, die in der hellen Weihnachtsstube herumkramte und die kleine dürftige Bescherung aufbaute, da kam es von ferne auf einmal wie Schlittengeklingel näher und näher heran, und dazwischen knallte lustig eine Peitsche. Nun war es ganz nahe, und plötzlich hielt es an, man hörte die Pferde vor dem Hause stampfen und nur leise noch die Schellen klingen, wenn die Tiere den Kopf bewegten.
»Der Weihnachtsmann! Das ist der Weihnachtsmann!«, rief Werner. Nun hörten sie Türen gehen und eine Männerstimme sprechen, und plötzlich rief die Mutter: »Kinder, kommt herein, der Onkel ist da!«
Werner und Anna liefen in die Stube und sahen dort einen Mann in großem Reisepelz, der ihnen beide Hände entgegenstreckte und rief: »Kommt her, liebe Kinder!« Dann hob er sie einzeln auf und küßte sie und sagte: »Ihr sollt mit mir kommen in die Stadt und bei mir in meinem großen Hause wohnen. Ich will euer Vater sein und euch zu tüchtigen Menschen erziehen.« Unterdes ging ein riesiger Kutscher mit einer Pelzmütze, einem langen, weißen Bart und einem Mantel mit sieben Kragen immer ab und zu und trug viele große Pakete in die Stube. Als diese später geöffnet wurden, gingen eine Menge der schönsten Dinge daraus hervor, so daß es eine Weihnachtsbescherung gab, wie sie in diesem Hause noch nicht erlebt worden war. Als später Werner und Anna zu Bette gingen, flüsterte er ihr geheimnisvoll zu: »Weißt du, wer der Kutscher war mit der Pelzmütze, dem langen, weißen Bart und dem großen Mantel? – Es war der Weihnachtsmann. Ich habe ihn wohl wiedererkannt, und er hat mir mit den Augen zugezwinkert.«
Wie aber war der alte reiche Onkel, der als ein menschenscheuer Geizhals allein lebte und sich niemals um seine arme Schwester und ihre Kinder gekümmert hatte, zu solcher guten Tat gekommen? Er hat es nachher selbst erzählt. In der Nacht nach dem Tage, an dem Werner den Weihnachtsmann besuch-

te, hatte der Onkel einen seltsamen Traum gehabt. Ein Mann mit einer blauen Sammetkappe und einem langen, weißen Bart stand, in einen goldenen Talar gehüllt, plötzlich vor ihm, schaute ihn mit mächtigen blauen Augen eine Zeitlang durchdringend an und sprach langsam und nachdrücklich: »Konrad Borodin, hast du eine Schwester?!« – Da überkam ihn ein solches Gefühl der Angst, daß er nicht zu antworten vermochte. Dann schwand die Erscheinung allmählich hinweg, und nur die Augen waren immer noch drohend auf ihn gerichtet. Diesen Traum hatte er drei Nächte hintereinander gehabt. In der Zwischenzeit wurde er von einer unbeschreiblichen Unruhe in seinem öden und toten Hause umhergetrieben, und immer dröhnte der tiefe, vorwurfsvolle Klang dieser Traumesworte in sein Ohr. Endlich am Morgen nach der dritten Nacht lief er in die Stadt und kaufte zur großen Verwunderung aller Leute, die seinen früheren Geiz kannten, die herrlichsten Dinge zusammen, bestellte einen Schlitten, packte alles hinein und fuhr ohne weiteres zu seiner armen Schwester.
Der kleine Werner hat nachher etwas Tüchtiges gelernt und ist ein berühmter und angesehener Mann geworden. Er hat mir diese Geschichte selbst erzählt.

VON DER KERZE, DIE NICHT BRENNEN WOLLTE

ULRICH PETERS

Nein, das hatte es noch nicht gegeben. Eine Kerze, die nicht brennen wollte, war absolut einmalig. Es herrschte große Aufregung unter den Kerzen im Wohnzimmer – zumal bald Weihnachten gefeiert werden sollte und die Kerzen mit ihrem festlichen Glanz die Dunkelheit verwandeln wollten.

Eine alte, erfahrene Kerze bot sich an, mit der kleinen zu reden.

»Nein, ich möchte nicht brennen«, antwortete die Kleine störrisch. »Wer brennt, verbrennt recht bald, und dann ist es um ihn geschehen. Ich möchte bleiben, wie ich bin – so schlank, so schön und so elegant.«

»Wenn du nicht brennst, bist du tot, noch bevor du gelebt hast«, antwortete die Alte gelassen. »Dann bleibst du auf ewig Wachs und Docht, und Wachs und Docht sind nichts. Nur wenn du dich entzünden lässt, wirst du, was du wirklich bist.«

»Na, da danke ich schön«, entgegnete die Kleine ängstlich. »Ich möchte mich nicht verlieren, ich möchte lieber bleiben, was ich jetzt bin. Gut, es ist etwas langweilig und manchmal etwas dunkel und kalt, aber es tut noch lange nicht so weh wie die verzehrende flackernde Flamme.«

»Man kann es eigentlich nicht mit Worten erklären, man muss es erfahren«, antwortete die Alte rätselhaft. »Nur wer sich hergibt, verwandelt die Welt, und indem er die Welt verwandelt, wird er auch mehr er selbst. Du darfst nicht über das Dunkel und die Kälte klagen, wenn du nicht bereit bist, dich anstecken zu lassen.«

Da ging der kleinen Kerze plötzlich ein Licht auf. »Du meinst, man ist das, was man von sich herschenkt?«

»Ja«, antwortete die Alte. »Man bleibt dabei nicht so schlank, so schön und so elegant. Man wird gebraucht und gerät auch etwas aus der Form. Aber man ist mächtiger als jede Nacht und alle Finsternis der Welt.«

So geschah es, dass die kleine Kerze ihren Widerstand aufgab und sich entzünden ließ. Je mehr sie flackerte, umso mehr verwandelte sie sich in reines Licht und leuchtete und strahlte, als gelte es die ganze Welt zu wärmen und alle Nächte hell zu machen. Wachs und Docht verzehrten sich, aber ihr Licht leuchtet bis auf den heutigen Tag in den Augen und Herzen all der Menschen, für die sie brannte.

AM HEILIGEN ABEND

EINSAM AM HEILIGEN ABEND

HERMAN BANG

Jedesmal wenn Weihnachten kommt, muss ich an Herrn Sörensen denken. Er war der erste Mensch in meinem Leben, der ein einsames Weihnachtsfest feierte, und das habe ich nie vergessen können.

Herr Sörensen war mein Lehrer in der ersten Klasse. Er war gut, im Winter bröselte er sein ganzes Frühstücksbrot für die hungrigen Spatzen vor dem Fenster zusammen. Und wenn im Sommer die Schwalben ihre Nester unter den Dachvorsprung klebten, zeigte er uns die Vögel, wie sie mit hellen Schreien hin und her flogen. Aber seine Augen blieben immer betrübt.

Im Städtchen sagten sie, Herr Sörensen sei ein wohlhabender Mann. »Nicht wahr, Herr Sörensen hat Geld?«, fragte ich einmal meine Mutter. »Ja, man sagt's.« – »Ja … ich hab' ihn einmal weinen sehen, in der Pause, als ich mein Butterbrot holen wollte …« »Herr Sörensen ist vielleicht so betrübt, weil er so allein ist«, sagte meine Mutter. »Hat er denn keine Geschwister?«, fragte ich. »Nein – er ist ganz allein auf der Welt …«

Als dann Weihnachten da war, sandte mich die Mutter mit den Weihnachtsbäckereien zu Herrn Sörensen. Wie gut ich mich daran erinnere. Unser Stubenmädchen ging mit, und wir trugen ein großes Paket, mit rosa Band gebunden, wie die Mutter stets ihre Weihnachtspäckchen schmückte.

Die Treppe von Herrn Sörensen war schneeweiß gefegt. Ich traute mich kaum einzutreten, so rein war der weiße Boden. Das Stubenmädchen überbrachte die Grüße meiner Mutter. Ich sah mich um. Ein schmaler hoher Spiegel war da, und rings

um ihn, in schmalen Rahmen, lauter schwarzgeschnittene Profile, wie ich sie nie vorher gesehen hatte.
Herr Sörensen zog mich ins Zimmer hinein und fragte mich, ob ich mich auf Weihnachten freue. Ich nickte. »Und wo wird Ihr Weihnachtsbaum stehen, Herr Sörensen?« – »Ich? Ich habe keinen, ich bleibe zu Hause.«
Da schlug mir etwas aufs Herz beim Gedanken an Weihnachten in diesem »Zuhause«. – In dieser Stube mit den schwarzen kleinen Bildern, den schweigenden Büchern und dem alten Sofa, auf dem nie ein Mensch saß – ich fühlte das Trostlose, das Verlassene in dieser einsamen Stube, und ich schlug den Arm vors Gesicht und weinte.
Herr Sörensen zog mich auf seine Knie und drückte sein Gesicht an meines. Er sagte leise: »Du bist ein guter, kleiner Bub.« Und ich drückte mich noch fester an ihn und weinte herzzerbrechend.
Als wir heimkamen, erzählte das Stubenmädchen meiner Mutter, ich hätte »gebrüllt«.
Aber ich schüttelte den Kopf und sagt: »Nein, ich habe nicht gebrüllt. Ich habe geweint. Und weißt du, ich habe deshalb geweint, weil nie jemand zu Herrn Sörensen kommt. Nicht einmal am Heiligen Abend …«
Später, als wir in eine andere Stadt zogen, verschwand Herr Sörensen aus meinem Leben. Ich hörte nie mehr etwas von ihm. Aber an jenem Tag, als sich an seiner Schulter weinte, fühlte ich, ohne es zu verstehen, zum ersten Male, dass es Menschen gibt, die einsam sind. Und dass es besonders schwer ist, allein und einsam zu sein an Weihnachten.

VOM GLÜCK DES GEBENS

BERTOLT BRECHT

Höchstes Glück ist doch, zu spenden
Denen, die es schwerer haben
Und beschwingt, mit frohen Händen
Auszustreun die schönen Gaben.

Schöner ist doch keine Rose
Als das Antlitz des Beschenkten
Wenn gefüllet sich, o große
Freude, seine Hände senkten.
Nichts macht doch so gänzlich heiter
Als zu helfen allen, allen!
Geb ich, was ich hab, nicht weiter
Kann es mir doch nicht gefallen.

WIE DER ALTE CHRISTIAN WEIHNACHTEN FEIERTE

PAULA DEHMEL

»Kind«, sagte am Vortage des Weihnachtsfestes meine gute Mutter zu mir, »Kind, geh, bring' dem alten Christian seine Kuchenstolle und dieses Packet. Sag', ich ließ' ihn schön grüßen, und er möchte das Fest und das neue Jahr gesund und ruhig verleben. Diesmal wär' zuviel Arbeit, ich könnt' nicht selber abkommen.«

Ich blickte etwas erstaunt und beunruhigt von meinem Buche auf. Ich kannte den mürrischen alten Waldhüter recht gut; wie oft hatte ich mich als kleines Mädchen vor seinem großen rostigen Schnurrbart gefürchtet, wenn er uns beim Beerensuchen auf verbotenen Plätzen überraschte und uns mit seinem Brummbaß aufschreckte und davonjagte.

Jetzt freilich hatten wir ihn nicht mehr zu fürchten, denn er war schon seit zwei Jahren pensioniert. Nach dem Tode des alten Försters, dem er sehr ergeben war, hatte auch er um seine Entlassung gebeten. Das Reißen in den Füßen sei zu arg, meinte er, er könne nicht mehr stundenlang im Walde umherlaufen; und mein Vater, der Arzt im Städtchen war, hatte ihm das gewünschte Attest ausgesellt. Seitdem hatten wir einen neuen Förster und einen neuen Waldhüter, und beide nahmen es nicht so genau mit uns Kindern. Der alte Christian Merkenthin aber zog zur Witwe Klemm draußen in der Vorstadt, die dem

Walde am nächsten lag, und ließ sich selten blicken. Zu ihm sollte ich nun gehen.

Meiner Mutter, der meine Unruhe nicht entgangen war, lächelte: »Geh' nur, Kind, er ist in seiner Stube anders als du ihn sonst kennst, und du bist schon groß und verständig genug, um deine Freude an dem prächtigen alten Manne zu haben.«

Ich nahm meinen Mut zusammen, als ich die gute Mutter so reden hörte, klappte mein Buch zu, langte Hut und Mantel vom Riegel und machte mich gehbereit. »Wenn du dem Christian ein wenig Gesellschaft leisten willst, kannst du das gerne tun«, sagte meine Mutter noch, indem sie mir sogleich die Pakete in den Arm legte, »um sechseinhalb Uhr wird beschert, da musst du wieder hier sein.«
Ich nickte still, sagte ihr Lebewohl und ging mit leiser Neugier im Herzen und etwas Bangigkeit die Hauptstraße der Stadt hinunter. Ich beschleunigte meine Schritte und war bald aus der Häuserreihe heraus.
Die Wiesen, die sich bis zum Waldrande ausbreiteten, lagen im tiefen Schnee, und auf den kahlen Ästen der Kirschbäume, die die Chaussee begrenzten, hockten und flatterten Hunderte von Krähen, die wohl vergebens nach Futter suchten. An den beiden verschneiten Kornmühlen vorbei, die leise im Winde knarrten, kam ich mit rotgefrorener Nase und steifen Fingern endlich bei dem Häuschen der Witwe Klemm an, wo mich ein kleiner schwarzer Spitz mit wütendem Gebell ansprang. Die Frau des Hauses, die auf sein Kläffen herauskam, rief ihn zurück und maß mit großen Augen den unerwarteten Besuch. Auf meine Bitte führte sie mich jedoch bereitwillig die steile Holztreppe hinan auf den kleinen mit frischen Sand bestreuten Flur, wo sie an einer der Türen klopfte. Ohne lange das Herein abzuwarten, öffnete sie, steckte den Kopf in die Spalte und meldete: »Eine kleine Jungfer wünscht Euch zu sprechen, Herr Merkenthin«, worauf sie die Tür weit aufsperrte und mit einem schnellen neugierigen Blicke verschwand.
Dichter Tabaksqualm umfing mich, als ich zögernd näher trat und die Tür hinter mir zuzog; und zuerst sah ich weiter nichts,

als die mir wohlbekannte, aufrechte Gestalt mit der Jagdjoppe und den hohen Wasserstiefeln, die er, wie ich sah, auch im Hause trug. Auf sein knurriges, doch nicht gerade unfreundliches: »Na, was bringst denn du?«, kam ich mutig näher und legte meine Pakete auf den Tisch.
»Das schickt Euch Mutter, Herr Merkenthin, und Ihr möchtet es nicht übel nehmen, wenn sie diesmal nicht selber käme, es wäre zuviel im Hause zu tun.« Der Alte hatte unterdessen die Stolle ausgewickelt und die Strickjacke und die Strümpfe mit kritischen Blicken gemustert. Die Besichtigung schien zu seiner Zufriedenheit ausgefallen zu sein, denn er legte alles wie zärtlich unter den kleinen Tannenbaum, der auf einer weißen Serviette auf der Kommode stand, versenkte sich in Betrachtung seiner Schätze oder hing sonst seinen Gedanken nach; jedenfalls schien er meine kleine Anwesenheit ganz vergessen zu haben.

Meine Augen hatten sich indessen an den Rauch gewöhnt, und ich ließ sie nun in dem kleinen Zimmer umherwandern. Die Wand, an der ich lehnte, wurde fast ganz von einem großen schwarzen Ledersofa ausgefüllt, das mit seinem eingesunkenem Sitz und seinen breiten Armlehnen gewiss von Urgroßmutter Zeiten herstammte. Neben mir, auf einer der Lehnen, lag eine große graue Katze zusammengerollt und schlief. Ich streichelte ihr dickes Fell, da erhob sie sich langsam, machte einen Buckel und gab mir deutlich zu verstehen, dass sie noch mehr gestreichelt sein wollte. In demselben Augenblicke flatterte etwas über mir, und als ich hochsah, kam ein größerer Vogel und setzte sich auf meine Schulter.
Der alte Christian drehte sich um und brummte: »Magst du Tiere leiden, kleine Doktorn?« Ich nickte eifrig und stand ganz still, um den kleinen Gast auf der Schulter nicht zu verscheuchen. Des Alten Stimme wurde jetzt etwas sanfter: »Ich mag eigentlich keine Vögel im Zimmer; was in den Wald gehört, soll im Walde bleiben, aber der Bengel will nicht wieder fort, trotzdem der gebrochene Flügel lange auskuriert ist. Es ist ein Star und ein kluger Vogel«, fügte er hinzu, und ich sah, wie seine Augen liebevoll nach dem Tierchen hinblickten.
»Verträgt er sich denn mit der Katze?«, fragte ich. »O, mein Peter weiß schon, wieweit er gehen darf«, knurrte der Alte, »und allein lass ich die beiden nicht, einer von ihnen spaziert in die Küche, wenn ich fortgehe; aber nun setz' dich doch auf das Sofa, du hast einen weiten Weg gehabt in der Kälte, ich will dir was Warmes zu trinken holen.«
Er verschwand durch die Tür, und ich streichelte abwechselnd den Vogel, der ruhig auf meiner Schulter blieb, und die Katze, die sich wohlig an meinem Ärmel rieb. Eine geschnitzte Wanduhr tickte laut, und über mich kam ein warmes Gefühl von Heimlichkeit und Weihnachtsfreude. Die Tannenzweige, die hinter dem kleinen Spiegel über der Kommode steckten, und das mit weißen Lichtern geschmückte Bäumchen verbreiteten einen lieben Duft, selbst der Tabaksqualm kam mir nun recht gemütlich vor. Christian kam mit einem Glase Grog aus der Küche; legte einen Pfefferkuchen auf ein vergoldetes Tellerchen, das er aus der obersten Kommodenschublade nahm, und

reichte mir beides. Der alte Mann sah recht hilflos und ungeschickt dabei aus, aber mir gefiel es, und mein junges Herz fing an, den bärbeißigen Geber zu verstehen und zu lieben, wie nur Kinder lieben können, schnell und unmittelbar. Ich wollte ihm eigentlich sagen, dass uns solche Getränke verboten seien, fürchtete aber ihn zu kränken und schwieg. Tapfer trank ich die scharfe heiße Brühe, im stillen hoffend, dass meine Eltern es mir verzeihen würden. War ich doch damals schon zwölf oder dreizehn Jahre alt, und begriff, das Recht und Unrecht nicht so leicht zu sondern sind wie Äpfel und Nüsse, und dass man sein Herz so erziehen muss, dass es ohne große Mühe das kleinere Unrecht und das größere Recht herausfühlt.
Der alte Christian sah befriedigt zu, wie ich schluckweise trank und meinen Pfefferkuchen mit der Katze und dem Star teilte. Plötzlich sagte er: »Hast du Zeit, eine Stunde mit mir in den Wald zu gehen? Du kannst mir tragen helfen.« Ich nickte und sah ihn erwartungsvoll an. »Nun ja«, fuhr er fort, als er meine fragenden Augen sah, »nun ja, die Kreatur soll doch auch wissen, dass Weihnachten ist.« Damit nahm er den Starmatz von meiner Schulter, ging in die Küche, und ich hörte an seinem Zureden, dass er den Vogel in seinen Bauer sperrte. Mir brannten die Backen vor Freude; ich ahnte wohl, was der alte Waldhüter, der sein halbes Leben in Gemeinschaft mit den Tieren des Waldes zugebracht hatte, tun wollte, und ich war glücklich, dieser seltsamen Bescherung beiwohnen zu dürfen. War ich doch von klein auf daran gewöhnt, auch die Tiere als Gottesgeschöpfe zu betrachten, sie zu schonen und zu lieben, wie ein erwachsener Bruder seine unmündigen Geschwister schonen und lieben soll. Als der alte Christian gleich darauf mit seiner Pelzmütze, den Wasserstiefeln und einem Sack über der Schulter wieder in die Wohnstube trat, glich er ganz und gar dem Weihnachtsmann aus den Märchen, und ich ließ mir wie im Traum den vollgepackten Henkelkorb über den Arm hängen. Er nahm noch einen Spaten und mehrere Tannenzweige mit und schritt mir voran und die Treppe hinab. »Adjes, Frau Klemm«, rief er durch die halboffene Küchentür seiner Wirtin zu, »In ein bis zwei Stunden bin ich wieder da.« »Gut, Herr Merkenthin«, klang es zurück, und ich ging und öffnete die Haustür.

Der Spitz ließ uns mit leisem Knurren passieren. »Die Menschen sind auch misstrauisch, warum sollte es das Viehzeug es nicht sein,« sagte mein Begleiter, »ihm kommt noch mehr Übles zu als unsereinem«, und damit schritten wir der ungefähr eine Viertelstunde entfernten Schonung zu.
Die Sonne neigte sich schon tief nach Westen und stand wie eine blutrote Scheibe am Himmel; ein kühler Wind strich über die Felder. Wir mussten am Ortskirchhof vorbei, und mein Blick streifte die in tiefen Schnee gebetteten Gräber. Nie war ich bisher im Winter hierher gekommen; ich kannte den Kirchhof nur voller Grün und Blumen, und eine Ahnung von der Feierlichkeit alles Gewesenen streifte meine junge Seele.
Der alte Christian war stehen geblieben. »Warte ein paar Minuten«, sagte er, »ich bin gleich wieder hier.« Damit stellte er den Sack neben mich, nahm den Spaten und die grünen Zweige und verschwand hinter der eisernen Pforte. Ich sah ihm nach. Ein Schwarm Krähen flog bei seinem Eintritt in die Höhe, und ich verfolgte mit meinen Blicken die Vögel, wie sie krächzend dem Walde zuflogen. Ob die Tiere auch etwas vom Tode wussten? ... Aus dem Hause des Totengräbers, der ein Stück weiter die Straße hinauf wohnte, klang plötzlich doppelstimmig: »O, du fröhliche, o, du selige, gnadenbringende Weihnachtszeit«, und mein bewegliches Kinderherz streifte mit einem Lächeln die kleine Wehmut ab und wurde wieder hell und weihnachtsfröhlich, als gäbe es keine Kirchhöfe und keine hungrigen Krähen mehr auf der Welt. Jetzt kam auch der alte Christian zurück, aber ohne die grünen Zweige. »Hab' meiner guten Frau und der kleinen Käte da drin bloß sagen wollen, dass ich am Weihnachtsabend an sie denke«, brummte er, nahm, ohne mich weiter anzusehen, seinen Sack auf und ging etwas schneller als vorher dem Walde zu.
Ich ließ ihn vorausgehen und horchte auf den Klang des Weihnachtsliedes, der noch eine ganze Weile mit uns mitging; mir war, als wäre ich in der Kirche. Ich hätte dem alten Manne, der seine liebsten Menschen hatte begraben müssen und nun allein unter dem Weihnachtsbaum stehen würde, so herzlich gern etwas Liebes gesagt; aber ich wusste nicht, wie ich das beginnen sollte, und so ging ich schweigend hinter ihm her. Un-

vermutet kam mir da meine liebe Mutter in den Sinn; ich begriff, warum sie gerade dem alten Christian heut eine Herzensfreude bereiten wollte, und eine große Dankbarkeit überkam mich, ein neues schönes Gefühl von Liebe und Erkenntnis.
Der Wald, der sich jetzt vor uns ausbreitete, kam mir in seiner weißen Einsamkeit fast schöner vor als im Sommer. Der Wind hatte sich gelegt, wir hörten nur den weichen Ton unserer Schritte und dann und wann ein leise Knacken im Holze, dass von dürren Ästen herrührte, denen die Schneelast zu schwer geworden war.
Christian blieb stehen: »Nun wollen wir unsere Weihnachtstische herrichten«, sagte er, nahm seinen großen Sack von den Schultern und band ihn auf. Was da nicht alles zum Vorschein kam! Hammer und Zange, Bindfaden und Nägel, Messer und Schere; und wozu er wohl alle die Strohmatten und zugespitzten Stäbe brauchen würde, die er aus den Tiefen des Sackes hervorholte. Meine Neugierde sollte bald gestillt werden, denn ich musste meinen Korb hinsetzen und ihm bei seiner wunderlichen Arbeit behilflich sein.
Da, wo dichtes Astwerk den Schnee abgefangen hatte, so das der Boden nur wenig damit bedeckt war, bauten wir unsere Speisekammern. Zwei Ecken einer Matte banden wir etwa meterhoch an einem Baumstamm fest, während die beiden anderen Ecken auf zwei in der Nähe eingebohrten Pfählen befestigt wurden.
So entstand ein gedeckter kleiner Raum, der den hungrigen Tieren gut zugängig war. Wir säuberten ihn vollends vom Schnee, und nun kam auch mein Korb und sein Inhalt an die Reihe. »Hier am Waldrand hält sich Meister Lampe gern auf«, sagte der alte Christian; dabei langte er Kohlblätter und Rüben aus dem Korbe, um sie dem Häschen aufzubauen um ihm etwas seinen Winterhunger zu stillen. »Es ist ein Jammer, wie viel gutes unnütz auf dem Kehrrichthaufen verkommt«, fügte er hinzu, »Wo doch so viel dankbares kleines Gesindel in der Welt umherläuft, ja, ja, der Mensch denkt kaum an seinesgleichen, wie sollte er der Kreatur gedenken.« Ich nickte ernsthaft und nachdenklich, und dann gingen wir weiter.
Alle fünfhundert Schritte etwa schufen wir ein neues Tisch-

lein-deck-dich. Aber nicht bloß für die Hasen, auch für die Vögel wurde liebevoll gesorgt. Futterkästen mit allerlei Samen, Sonnenblumen- und Kürbiskernen wurden in Ast und Strauch untergebracht; Talgklöße und Speckschwarten, ja ein paar ganze Gänsegerippe und Bratenkeulen mussten sich die Bäume aufbinden lassen. »Die sind für die Meisen und Spechte, auch für die Rotkehlchen und das andere kleine Viehzeug, denen der Flug übers Meer zu weit ist«, meinte der Christian; »hoffentlich naschen ihnen die Krähen und Dohlen nicht das beste weg. Aber die wollen doch auch leben«, fügte er leise hinzu, »auch dem Bösesten knurrt der Magen, ja, wenn der Hunger nicht wäre, wenn der Hunger nicht wäre!«

So stapften wir weiter durch den dichten Schnee, und während unser Gepäck immer leichter wurde, wurden unsere Herzen immer heller und weihnachtsfreudiger, und ich weiß nicht, wie es kam, plötzlich war mir das schöne Lied auf den Lippen, und ich sang es leise vor mich hin: »Es ist ein Reis entsprungen aus einer Wurzel zart ...«

Der Alte hörte andächtig zu, und als es zu Ende war, wiederholte er: »Mitten im kalten Winter – ja, mitten im kalten Winter, da blüht's oft drinnen am besten auf, aber das wirst du nicht verstehen, kleine Doktorn.«

Nein, ich verstand es damals noch nicht, jedoch ich fühlte, dass der alte Christian was Liebes damit meinte, und fasste nach seiner alten runzligen Hand.

Das Schönste vom Tage sollten wir aber noch erleben. In einer Lichtung stand plötzlich ein großer Hirsch vor uns, und mehrere junge Hirsche und Hirschkühe kamen hinter ihm her. Er hob den Kopf mit dem schönen Geweih und sah uns klug und furchtlos an. Auf das leise Pfeifen des Alten kam er zutraulich näher und das ganze Rudel mit ihm. Wir warfen ihnen Brot und Kartoffeln zu, die sie sogleich verzehrten, ja, der große Hirsch wurde so dreist, dass er aus meiner ausgestreckten Hand ein Stück Brot nahm, und ihr könnt euch gewiss denken, wie sehr ich mich darüber freute.

»Es ist Schonzeit, da weiß die Kreatur, dass sie was riskieren kann«, brummte der Alte; aber auch aus seinen umbuschten grauen Augen zuckte die Freude über das hübsche Bild.

Das schrille Geläute eines Schlittens, der auf der nahen Landstraße daherkam, ließ unsere lieben Gäste jäh auffahren und die Flucht ergreifen. Ich sah ihnen bedauernd nach. »Sie sind schon wieder her, kleine Doktorn«, sagte Christian, »hier ist seit vielen Jahren ihr Futterplatz.«
Nun sah ich erst, dass etwa hundert Schritte von uns ein kleines festes Strohdach auf Pfählen aufgerichtet war, und dass noch geringe Futterreste verstreut umherlagen. Mein Begleiter nahm aus dem Korbe reichlich Rosskastanien, Eicheln, getrocknete Lupinen und das noch übrige Brot und baute es dem Wilde als Weihnachtsgabe auf. »Kommen die Rehe auch hierher?«, fragte ich und hoffte im stillen auch diese hübschen Tiere nah bei sehen zu dürfen. »Nein, denen müssen wir woanders bescheren«, meinte der Alte, »die haben eine feine Nase und lieben den Hirschgeruch nicht. Und kiesätig ist die Bande auch«, fügte er hinzu, »wenn sie nichts Grünes mehr finden, fressen sie höchstens ein bisschen Korn und feines Heu, na, sie sollen auch ihr Teilchen kriegen. Aber aus der Hand werden sie dir wohl kaum fressen, du kleine Hexe, es ist ein furchtsames Chor; komm, ich weiß die Stellen, wo sie gern äsen, sie sollen heute auch was extra Leckeres haben.«
Wir gingen noch etwas tiefer in den Wald und fanden bald an einer ziemlich versteckten kleinen Lichtung Spuren von Rehwild und einen ähnlichen Futterplatz wie zuvor. Hier legten wir Korn und Heu nieder und verhielten und eine Weile mäuschenstill; die kleinen Gäste wollten sich aber nicht blicken lassen. »Morgen früh werden sie die Bescherung schon finden«, schmunzelte der Alte und band noch den Rest unserer Vorräte für die Vögel in die Bäume.
Es war auch mittlerweile Zeit geworden, an den Heimweg zu denken. Die Sonne war lange untergegangen, und nur der Schnee leuchtete uns aus dem Dickicht hinaus. Es war empfindlich kalt geworden, ich schlug den Mantelkragen hoch und steckte die fast erstarrten Hände in die Ärmel.
»Komm nur, kleine Doktorn«, tröstete mich mein Begleiter, »der Schneiderwirt wohnt nicht weit von hier, der hat einen feinen Schlitten, und hastenichtgesehn sind wir zu Hause, das wäre doch noch ein Extra-Weihnachtsspaß, wie?« Und damit zog er

mich frierende kleine Person durch das Gewirr der Stämme auf nur ihm bekannten Pfaden vorwärts, und bald waren wir auf der Landstraße. Hier grüßte uns schon von weitem das grüne Licht einer Laterne, die zum Wirtshaus zum Bären gehörte. Peter Holtzen, ein früherer Schneider, hauste darin, und man nannte ihn in der ganzen Gegend den Schneiderwirt. Wir traten mit Behagen in die warme Wirtsstube, und die gute Mutter Holtzen zog mir gleich die nassen Schuhe und Strümpfe aus und hing sie über die Messinghaken, die in den riesigen grünen Kachelofen eingeschraubt waren. Meine nackten Füße steckte sie in warme Pantoffeln, brachte mir eine Tasse heiße Milch, und nach ein paar Minuten wusste ich nichts mehr von Frost und Kälte.

Der alte Christian trank ein Glas Warmbier, rauchte dazu sein Pfeifchen und plauderte mit Peter, dem Schneiderwirt, über die Schlachten bei Wörth und Sedan, und wie kalt es in diesem Winter gewesen war; und ich hörte den beiden alten Soldaten mit Interesse zu.

»Bist 'ne wackre Dirn«, sagte der alte Christian zu mir, als wir eine halbe Stunde später in dem hübschen Wirtsschlitten unter lustigem Geläute nach Hause fuhren, »bist 'ne wackre Dirn, kleine Doktorn, ich ließ das Vater und Mutter extra bestellen und viele Grüße und schönen Dank dazu.« Damit sprang er vor seiner Tür aus dem Schlitten, winkte noch mal mit der Pfeife, und der Kutscher fuhr weiter meinem elterlichen Hause zu. Ich lief die Treppe hinauf und fiel meiner Mutter um den Hals. Mein Herz war zu voll; erst nach und nach konnte ich von allem erzählen. Aber nie zuvor hatten mir die Lichter am Tannenbaum so hell gestrahlt, und nie zuvor hatte ich Eltern und Geschwister so lieb gehabt wie an diesem Weihnachtsabend!

Zwischen dem alten Christian und mir entspann sich seit jenem Tage eine wirkliche Freundschaft, die bis zum Tode des alten Mannes dauerte. Oft saß ich an freien Nachmittagen in seinem Stübchen, las ihm die Zeitung vor oder beschäftigte mich mit seinen Haustieren, für die ich meist diesen oder jenen Leckerbissen bereit hielt. Am Tage vor Weihnachten aber gingen wir regelmäßig in den Wald, um die Tiere zu füttern, und ich sammelte schon Wochen vorher für unsere Lieblinge.

Manch ein echtes und kluges Wort ist damals aus dem Munde des alten Christian in meine Seele geglitten und hat dort eigene Weihnachtskerzen angezündet, die hell und lieblich auf meinen Lebensweg leuchteten.

WEIHNACHTEN

JOSEPH VON EICHENDORFF

Markt und Straßen stehn verlassen,
still erleuchtet jedes Haus,
sinnend geh ich durch die Gassen,
alles sieht so festlich aus.
An den Fenstern haben Frauen
buntes Spielzeug fromm geschmückt,
tausend Kindlein stehn und schauen,
sind so wunderstill beglückt.
Und ich wandre aus den Mauern
bis hinaus ins freie Feld.
Hehres Glänzen, heil'ges Schauern!
Wie so weit und still die Welt!
Sterne hoch die Kreise schlingen,
aus des Schnees Einsamkeit
steigt's wie wunderbares Singen.-
O du gnadenreiche Zeit!

FEIERTAGE

HANNS DIETER HÜSCH

Mutter ist nervös
Vater ist nervös
Kind ist nervös
Oma ist nervös

Oma ist gekommen
um Mutter zu helfen
Vater hat gesagt
sei nicht nötig gewesen

Kind steht im Weg
Mutter steht im Weg
Oma steht im Weg
Vater steht im Weg

Alle ham geschafft
mit allerletzter Kraft

Vater hat gebadet
Mutter hat gebadet
Kind hat gebadet
Oma hat gebadet

Alle ham gepackt
Und alle sind gerannt
Und schließlich hat
Der Baum gebrannt

Mutter ist gerührt
Vater ist gerührt
Kind ist gerührt
Oma ist gerührt

Und dann werden
Die Pakete aufgeschnürt

Mutter ist gekränkt
Vater ist gekränkt
Kind ist gekränkt
Oma ist gekränkt

Denn jeder hat dem anderen
Was Falsches geschenkt

Schwiegertochter kommt
Patentante kommt
Lieblingsbruder kommt
Großneffe kommt

Kuchen ist zu süß
Plätzchen sind zu süß
Marzipan ist zu süß
Und der Baum ist mies

Mutter ist beleidigt
Vater ist beleidigt
Kind ist beleidigt
Oma ist beleidigt

Friede auf Erden
Und den Menschen ein Unbehagen

Vater hats am Magen
Mutter hats am Magen
Kind hats am Magen
Oma hats am Magen

Kann nichts mehr vertragen
Nach all diesen Tagen

Mutter ist allein
Vater ist allein
Kind ist allein
Oma ist allein
Alle sind allein

Doch an Ostern
Wollen alle
In jedem Falle
Wieder zusammensein.

WEIHNACHT IN DER GROSSEN STADT

JAMES KRÜSS

Seltsam schaut die Stadt heut aus:
Alle Fenster sind verdunkelt!
Und es flüstert und es munkelt
Sonderbar in jedem Haus.
Straßenbahnen läuten nicht.
Einsam leuchten die Laternen.
Und von oben aus den Sternen
Fällt der Schnee so weich und dicht.
Wie ein Riese schläft die Stadt,
Die der Himmel mit dem feinen
Weißen Schnee wie unter Leinen
Zärtlich eingemummelt hat.
In den Türmen hängen stumm
Große Klöppel im Gehäuse.

Nur der Wind weckt manchmal leise
In den Glocken ein Gebrumm.
Seltsam ruhig ist es heut
In den Straßen und den Gassen.
Selbst der Marktplatz ist verlassen
Und wie tot um diese Zeit.
Aber da mit einemmal
Wehen in das Spiel der Flocken
Von den Türmen, von den Glocken
Silbertöne ohne Zahl.
Und die Kirchen, groß und schwer,
Öffnen mächtig die Portale.
Und da gehn mit einem Male
Wieder Menschen hin und her.
Stimmen lachen, Türen gehn,
Und in schmalen Fensterritzen
Kann ich etwas golden blitzen
Und verwirrend blinken sehn.
Plötzlich scheint die Stadt erwacht.
Auch die Kinder hör ich wieder.
Und es tönen Weihnachtslieder
Fröhlich in die weiße Nacht.

ALS DER NIKOLAUS KAM

CLEMENT CLARKE MOORE
(ÜBERSETZT VON ERICH KÄSTNER)

In der Nacht vor dem Christfest, da regte im Haus
sich niemand und nichts, nicht mal eine Maus.
Die Strümpfe, die hingen paarweis am Kamin
und warteten drauf, daß Sankt Niklas erschien.
Die Kinder lagen gekuschelt im Bett
und träumten vom Äpfel- und Nüsseballett.
Die Mutter schlief tief, und auch ich schlief brav,
wie die Murmeltiere im Winterschlaf,
als draußen vorm Hause ein Lärm losbrach,
daß ich aufsprang und dachte: Siehst rasch einmal nach!
Ich rannte zum Fenster und, fast noch im Lauf,

stieß ich die knarrenden Läden auf.
Es hatte geschneit, und der Mondschein lag
so silbern auf allem, als sei's heller Tag.
Acht winzige Renntierchen kamen gerannt,
vor einen ganz, ganz kleinen Schlitten gespannt!
Auf dem Bock saß ein Kutscher, so alt und so klein,
daß ich wußte, das kann nur der Nikolaus sein!
Die Renntiere kamen daher wie der Wind,
und der Alte, der pfiff, und er rief laut: »Geschwind!
Renn, Renner! Tanz, Tänzer! Flieg, fliegende Hitz'!
Hui, Sternschnupp'! Hui, Liebling! Hui, Donner und Blitz!
Die Veranda hinauf und die Hauswand hinan!
Immer fort mit euch! Fort mit euch! Hui, mein Gespann!«
Wie das Laub, das der Herbststurm die Straßen lang fegt
und, steht was im Weg, in den Himmel hoch trägt,
so trug es den Schlitten hin auf unser Haus
samt dem Spielzeug und samt dem Sankt Nikolaus!
Kaum war das geschehen, vernahm ich schon schwach
das Stampfen der zierlichen Hufe vom Dach.
Dann wollt' ich die Fensterläden zuzieh'n,
da plumpste der Nikolaus in den Kamin!
Sein Rock war aus Pelzwerk, vom Kopf bis zum Fuß.
Jetzt klebte er freilich voll Asche und Ruß.

Sein Bündel trug Nikolaus huckepack,
so wie die Hausierer bei uns ihren Sack.
Zwei Grübchen, wie lustig! Wie blitzte sein Blick!
Die Bäckchen zartrosa, die Nas' rot und dick!
Der Bart war schneeweiß, und der drollige Mund
sah aus wie gemalt, so klein und halbrund.
Im Munde, da qualmte ein Pfeifenkopf,
und der Rauch, der umwand wie ein Kranz seinen Schopf.
Ich lachte hell, wie er so vor mir stand,
ein rundlicher Zwerg aus dem Elfenland.
Er schaute mich an und schnitt ein Gesicht,
als wollte er sagen: »Nun, fürchte dich nicht!«
Das Spielzeug stopfte er, eifrig und stumm,
in die Strümpfe, war fertig, drehte sich um,
hob den Finger zur Nase, nickte mir zu,
kroch in den Kamin und war fort im Nu!
In den Schlitten sprang er und pfiff dem Gespann,
da flogen sie schon über Täler und Tann.
Doch ich hört' ihn noch rufen, von fern klang es sacht:
»Frohe Weihnachten allen — und allen gut' Nacht!«

DIE GABE DER WEISEN

O.HENRY

Ein Dollar und 87 Cent. Das war alles. Und 60 Cent davon waren in Pennys. Pennys, die sie Cent für Cent dem Lebensmittelhändler, dem Gemüsehändler und dem Metzger abgerungen hatte, bis ihre Wangen glühten vor Schamesröte über den Verdacht der Knausrigkeit, den ein solch hartes Feilschen nun mal mit sich brachte. Dreimal zählte Della sie durch. Ein Dollar und 87 Cent. Und morgen war Weihnachten. Da war einfach nichts weiter zu tun, als sich auf die abgewetzte Couch fallen zu lassen und zu heulen. Und das tat Della dann auch. Was uns zu der philosophischen Betrachtung führt, dass das Leben aus Schluchzen, Schniefen und Lächeln besteht, wobei das Schniefen überwiegt.
Während die Hausherrin allmählich vom ersten in das zweite Stadium wechselt, wollen wir einmal einen Blick auf ihr Heim werfen. Eine möblierte Wohnung für acht Dollar die Woche. Sie war nicht gerade ärmlich, aber doch nahe daran. Unten im Hausflur hing ein Briefkasten, in den niemals ein Brief den Weg fand, und ein Klingelknopf, dem kein sterblicher Finger je ein Klinglen entlocken konnte. Und dazu gerhörte auch ein Namensschild mit dem Namen »Mr. James Dillingham Young«. Das »Dillingham« war in den Namen geraten während einer vergangenen Periode des Wohlstands, als sein Besitzer noch dreißig Dollar die Woche verdiente. Jetzt aber, da das Einkommen auf zwanzig Dollar geschrumpft war, dachten sie ernstlich daran, es zu einem bescheidenen und unauffälligen »D.« abzukürzen. Doch immer, wenn Mr. James Dillingham Young nach Hause kam und seine Wohnung betrat, wurde er »Jim« genannt und heiß umarmt von Mrs James Dillingham Young, die uns schon als Della bekannt ist. So weit, so gut.

Della hörte auf zu weinen und puderte sich die Wangen. Sie stellte sich ans Fenster und blickte trübe hinaus auf eine graue Katze, die über einen grauen Zaun in dem grauen Hinterhof pirschte. Morgen war Weihnachten, und sie hatte nur einen Dollar 87, mit dem sie für Jim ein Geschenk kaufen konnte. Seit Monaten hatte sie wirklich jeden Penny gespart, und das war das Ergebnis. Mit zwanzig Dollar die Woche kam man nicht weit. Die Ausgaben waren höher gewesen, als sie veranschlagt hatte. Das ist immer so. Gerade mal ein Dollar 87 für ein Geschenk für Jim. Ihren Jim. Viele glückliche Stunden hatte sie damit verbracht, sich etwas Hübsches für ihn auszudenken. Etwas ganz Feines, Seltenes und Gediegenes – etwas, dem es zu Ehre gereichen würde, von Jim besessen zu werden.
Zwischen den Fenstern hing ein Wandspiegel. Vielleicht haben Sie schon einmal einen Wandspiegel in einer Acht-Dollar-Wohnung gesehen. Eine sehr schlanke und bewegliche Person kann es schaffen, durch das Betrachten einer schnellen Abfolge von länglichen Streifen einen recht genauen Eindruck von ihrem Aussehen zu erhalten. Und die schlanke Della hatte es zur Meisterschaft in dieser Kunst gebracht.
Plötzlich wirbelte sie vom Fenster weg und stellte sich vor den Spiegel. Ihre Augen glänzten, aber ihr Gesicht verlor innerhalb von zwanzig Sekunden seine Farbe. Schnell löste sie ihr Haar und ließ es zu seiner vollen Länge herabfallen.
Es gab zwei Besitztümer der James Dillingham Youngs, in den beide großen Stolz setzten. Das waren Jims goldene Uhr, die vor ihm seinem Vater und seinem Großvater gehört hatte, und Dellas Haar. Wenn die Königin von Saba in der Wohnung gegenüber gewohnt hätte, dann würde Della ihr Haar zum Trocknen aus dem Fenster gehängt haben, nur um die Juwelen und Gaben Ihrer Majestät verblassen zu lassen.
Und wäre König Salomon hier Hausmeister gewesen inmitten seiner aufgestapelten Schätze im Erdgeschoss, würde Jim jedesmal, wenn er an ihm vorüberging, seine Uhr herausgezogen haben, nur um zu sehen, wie er sich aus Neid seinen Bart ausrupfte.
Nun fiel Dellas schönes Haar wellend und leuchtend wie eine Kaskade goldbraunen Wassers an ihr herunter. Es reichte ihr

fast bis über die Knie und war beinahe ein Gewand für sie. Nervös und hastig steckte sie es wieder hoch. Eine Minute lang zögerte sie und stand regungslos da, während ein oder zwei Tränen auf den abgetretenen roten Teppich tropften.

Sie zog sich ihre alte braune Jacke an, setzte sich ihren alten braunen Hut auf und mit wehendem Kleid und einem glänzenden Funkeln in den Augen flatterte sie aus der Tür und die Treppen hinunter hinaus auf die Straße. Dort hielt sie vor einem Schild an, auf dem stand: »Mme. Sofronie. An- und Verkauf von Haaren aller Art:

Della flog eine Treppe hinauf und sammelte sich keuchend. Madame, groß, zu weiß geschminkt und kühlt, sah kaum aus wie »Sofronie«.

»Kaufen Sie mein Haar?«, fragte Della.

»Ich kaufe Haar«, sagte Madame. »Nehmen Sie den Hut ab und lassen Sie mal sehen, was Sie haben.«

Die braune Kaskade floss herab.

»Zwanzig Dollar«, sagte Madame, während sie die Masse in der Hand wog.

»Geben Sie sie mir schnell«, sagte Della.

Und die nächsten zwei Stunden vergingen auf rosa Schwingen. Vergessen wir die abgegriffene Metapher. Sie durchstöberte die Geschäfte nach einem Geschenk für Jim.

Schließlich fand sie es. Es war ganz bestimmt nur für Jim gemacht und für niemanden sonst. Es gab nichts Vergleichbares in den anderen Geschäften, und die hatte sie alle auf den Kopf gestellt. Es war eine Uhrkette aus Platin, einfach und geschmackvoll, die ihren Wert durch ihre Substanz und nicht durch protzige Verzierungen offenbarte – so wie alle guten Dinge es tun sollten. Es war sogar der Uhr würdig. Sobald sie sie sah, wusste sie, dass sie Jim gehören musste. Sie war wie er. Schlichtheit und Größe – diese Beschreibung traf auf beide zu. Einundzwanzig Dollar wollten sie dafür haben, und mit 87 Cent eilte sie nach Hause zurück. Mit dieser Kette an der Uhr würde Jim in jedweder Gesellschaft immer nach der Zeit sehen wollen. Die Uhr war großartig, aber manchmal blickte er nur heimlich darauf wegen des alten Lederbands, das er an Stelle einer Kette benutzte.

Als Della wieder zu Hause war, machte ihr Rausch langsam wieder der Klugheit und der Vernunft Platz. Sie holte die Brennschere heraus, entzündete das Gas und machte sich ans Werk, die Verwüstungen zu beseitigen, die ihre Großzügigkeit in Verbindung mit Liebe angerichtet hatten. Was immer eine enorme Arbeit ist, liebe Freunde – eine Riesenarbeit.
In vierzig Minuten wurde ihr Kopf bedeckt von niedlichen, enganliegenden Locken, die sie wunderbar aussehen ließen wie einen bummelnden Schuljungen, Lange, sorgfältig und kritisch betrachtete sie ihr Spiegelbild.
»Wenn Jim mich nicht umbringt«, sagte sie zu sich, »bevor er einen zweiten Blick auf mich wirft, wird er sagen, dass ich aussehe wie ein Chormädchen auf Coney Island. Aber was hätte ich und können – oh! was hätte ich mit einem Dollar 87 anfangen können?«
Um sieben war der Kaffee fertig und die Bratpfanne hinten auf dem Herd heiß und bereit, die Koteletts aufzunehmen.
Jim kam nie zu spät. Della legte die Uhrenkette in der Hand zusammen und saß auf der Tischdecke nahe der Tür, durch die er immer hereinkam. Dann hörte sie seine Schritte auf der Treppe unten im ersten Stock, und für einen Moment erbleichte sie. Sie hatte die Angewohnheit, zu den einfachsten alltäglichen Dingen ein kleines stilles Gebet zu sprechen, und nun flüsterte sie: »Lieber Gott, bitte hilf, dass er mich immer noch schön findet.«
Die Tür ging auf und Jim trat ein und schloss sie hinter sich. Er sah schmal aus und sehr ernst. Armer Kerl, er war erst zweiundzwanzig – und schon mit einer Familie belastet! Er brauchte einen neuen Mantel, und er hatte keine Handschuhe.
Jim war an der Tür stehengeblieben, unbeweglich wie ein Vorstehhund, der eine Wachtel wittert. Seine Augen waren auf Della gerichtet, und in ihnen war ein Ausdruck, den sie nicht deuten konnte und der ihr Angst einflößte. Es war weder Ärger, noch Überraschung und auch nicht Schrecken oder irgendeines jener Gefühle, mit denen sie gerechnet hatte. Er starrte sie einfach nur an mit diesem eigenartigen Ausdruck im Gesicht.
Della glitt von der Tischkante und ging zu ihm.

»Jim, Liebling«, rief sie, »sieh mich nicht so an. Ich habe meine Haare abgeschnitten und verkauft, weil ich es nicht ertragen konnte, Weihnachten ohne ein Geschenk für dich zu sein. Sie werden wieder wachsen – es stört dich doch nicht, oder? Ich musste es einfach tun. Mein Haar wächst furchtbar schnell. Sag ›Frohe Weihnachten‹ Jim und lass uns fröhlich sein. Du weißt gar nicht was für ein nettes – was für ein schönes, hübsches Geschenk ich für dich habe.«
»Du hast deine Haare abschneiden lassen?« fragte Jim mühsam, als ob er diese offensichtliche Tatsache trotz größter geistiger Anstrengung noch nicht erfasst hätte.
»Abgeschnitten und verkauft«, sagte Della. »Hast du mich jetzt nicht mehr so lieb? Ich bin doch immer noch ich, auch ohne meine Haare, oder?«
Jim sah sich neugierig im Zimmer um.
»Du sagst, dien Haar ist weg?«, sagte er mit einem schon beinahe idiotischen Ausdruck.
»Du brauchst nicht danach zu suchen«, sagte Della. »Es ist verkauft, sag ich dir – verkauft und weg. Wir haben Heilig Abend, Menschenskind. Sei nett zu mir, ich hab's für dich getan. Vielleicht waren die Haare auf meinem Kopf gezählt«, fuhr sie unvermittelter ernster Verliebtheit fort, »aber niemand könnte jemals meine Liebe für dich zählen. Soll ich die Koteletts aufsetzen, Jim?«
Schnell erwachte Jim aus seiner Benommenheit. Er umarmte Della. Lassen Sie uns kurz diskret beiseite blicken auf einen ganz anderen Gegenstand. Acht Dollar die Woche oder eine Million im Jahr – wo ist der Unterschied? Ein Mathematiker oder irgendein Witzbold würde uns darauf ganz sicher die falsche Antwort geben. Die Weisen brachten wertvolle Geschenke, aber dieses war nicht darunter. Diese dunkle Feststellung werden wir später erhellen.
Jim zog ein Päckchen aus der Manteltasche und warf es auf den Tisch.
»Versteh mich bloß nicht falsch, Dell«, sagte er. »Ich glaube nicht, dass irgendein Haareschneiden, Legen oder Waschen mich je dazu bringen könnte, mein Mädchen auch nur um ein Jota weniger zu mögen. Aber wenn du dieses Päckchen auf-

machst, dann wirst du verstehen, warum ich mich erst mal wieder einkriegen musste.«
Weiße flinke Finger zerrten an der Schnur und dem Papier. Und dann ein entzückter Freudenschrei und danach – leider! – ein blitzartiger weiblicher Wechsel zu hysterischem Weinen und Klagen, die die sofortige Aufbietung aller tröstenden Kräfte des Hausherrn nötig machten.
Denn vor ihr lagen die Kämme – ein Satz von Kämmen, die Della schon so lange in einem Schaufenster am Broadway bewundert hatte. Wunderschöne Kämme, echtes Schildpatt, mit steinbesetzten Rändern – gerade von der richtigen Farbe, um sie in dem verschwundenen Haar zu tragen. Es waren teure Kämme, das wusste sie, und sie hatte sich nach ihnen gesehnt, ohne darauf zu hoffen, sie jemals zu besitzen. Und nun gehörten sie ihr, aber die Locken, die diesen begehrten Schmuck geschmückt haben sollten, waren weg.
Sie drückte ihn fest an ihre Brust und schließlich war sie in der Lage, zu ihm mit verschwommenen Augen und einem Lächeln aufzublicken, und sie sagte: »Meine Haare wachsen schnell, Jim!«
Aber dann machte sie einen Satz wie eine angesengte kleine Katze und rief: »Oh, oh!«
Jim hatte noch gar nicht ihr schönes Geschenk gesehen. Eifrig hielt sie es ihm in der offenen Hand hin. Das stumpfe wertvolle Metall schien aufzublitzen im Widerschein ihrer heiteren, leidenschaftlichen Stimmung.
»Ist sie nicht toll, Jim? Ich bin durch die ganze Stadt gerannt, um sie zu finden. Du wirst jetzt am Tag hundert Mal auf die Uhr sehen. Gib mir die Uhr. Ich möchte sehen, wie sie sich daran macht.«
Anstatt zu gehorchen, ließ Jim sich auf die Couch fallen, verschränkte die Hände hinter dem Kopf und lächelte.
»Dell«, sagte er, »lass uns die Weihnachtsgeschenke für eine Weile beiseite legen. Sie sind zu schön, um sie gleich jetzt zu benutzen. Ich habe die Uhr verkauft, um Geld für die Kämme zu haben. Und jetzt wäre es nett, wenn du die Koteletts aufsetzen könntest.«
Die Weisen des Morgenlandes waren kluge Männer – wunder-

bar kluge Männer – die Geschenke für das Kind in der Krippe brachten. Sie haben die Kunst, Weihnachtsgeschenke zu machen, erfunden. Klug wie sie waren, waren auch ihre Geschenke zweifellos klug und beinhalteten nach Möglichkeit das Recht, sie umzutauschen, falls man zweimal dasselbe bekam. Und hier habe ich den schwachen Versuch gemacht, Ihnen die ereignislose Geschichte zweier einfältiger Erdenkinder in einer Mietwohnung zu erzählen, die höchst unklug füreinander die größten Schätze in ihrem Besitz opferten. Aber als ein letztes Wort an die Weisen dieser Tage lassen Sie mich sagen, dass von allen, die Geschenke machten, diese beiden doch die Klügsten waren. Von allen die Geschenke machen und empfangen, sind solche wie sie die klügsten. Allenthalben sind sie die klügsten. Sie sind die wahren Weisen.

DAS CHRISTKIND IST DA

DIE WEIHNACHTS-GESCHICHTE

LUKAS-EVANGELIUM

Zu jener Zeit ordnete Kaiser Augustus an, dass alle Menschen in seinem Reich gezählt und für die Steuer erfasst werden sollten. Diese Zählung war die erste und wurde durchgeführt, als Quirinius Statthalter der Provinz Syrien war. Und alle gingen hin, um sich einschreiben zu lassen, jeder in die Heimatstadt seiner Vorfahren. Auch Josef machte sich auf den Weg. Aus Galiläa, aus der Stadt Nazaret, ging er nach Judäa in die Stadt Davids, nach Betlehem. Denn er stammte aus der Familie von König David. Dorthin ging er, um sich einschreiben zu lassen, zusammen mit Maria, seiner Verlobten; die war schwanger. Während sie dort waren, kam für Maria die Zeit der Entbindung. Sie gebar ihren Sohn, den Erstgeborenen, wickelte ihn in Windeln und legte ihn in eine Futterkrippe im Stall. Denn in der Herberge hatten sie keinen Platz gefunden. In jener Gegend waren Hirten auf freiem Feld, die hielten Wache bei ihren Herden in der Nacht. Da trat der Engel des Herrn zu ihnen, und die Herrlichkeit des Herrn umstrahlte sie, und sie fürchteten sich sehr. Aber der Engel sagte zu ihnen: »Habt keine Angst! Ich habe eine große Freudenbotschaft für euch und für das ganze Volk. Heute ist euch der Retter geboren worden, in der Stadt Davids: Christus, der Herr! Und dies ist das Zeichen, an dem ihr ihn erkennt: Ihr werdet ein neugeborenes Kind finden, das liegt in Windeln gewickelt in einer Futterkrippe.« Und plötzlich war bei dem Engel ein ganzes Heer von Engeln, all die vielen, die im Himmel Gott dienen; die priesen Gott und riefen: »Groß ist von jetzt an Gottes Herrlichkeit im Himmel; denn sein Frieden ist herabgekommen auf die Erde zu den Menschen, die er erwählt hat und liebt!« Als die Engel in den Himmel zurückgekehrt waren, sagten die Hirten zueinander: »Kommt, wir gehen nach Betlehem und sehen uns an, was da geschehen ist, was Gott uns bekannt gemacht hat!« Sie liefen hin, kamen zum Stall und fanden Maria und Josef und bei ihnen das Kind in der Futterkrippe. Als sie es sahen, berichteten sie, was ihnen der Engel von diesem Kind gesagt hatte. Und alle, die dabei waren, staunten über das, was ihnen die Hirten erzählten. Maria aber bewahrte all das Gehörte in ihrem Herzen und dachte viel darüber nach. Die Hirten kehrten zu ihren Herden zurück und priesen Gott und dankten ihm für das, was sie gehört und gesehen hatten. Es war alles genauso gewesen, wie der Engel es ihnen verkündet hatte.

AM FESTE DER HEILIGEN DREI KÖNIGE

ANNETTE VON DROSTE-HÜLSHOFF

Durch die Nacht drei Wandrer ziehn,
Um die Stirnen Purpurbinden,
Tiefgebräunt von heißen Winden
Und der langen Reise Mühn.
Durch der Palmen säuselnd Grün
Folgt der Diener Schar von weiten;
Von der Dromedare Seiten
Goldene Kleinode glühn,
Wie sie klirrend vorwärts schreiten,
Süße Wohlgerüche fliehn.
Finsternis hüllt schwarz und dicht
Was die Gegend mag enthalten;
Riesig drohen die Gestalten:
Wandrer, fürchtet ihr euch nicht?

Doch ob tausend Schleier flicht
Los' und leicht die Wolkenaue:
Siegreich durch das zarte Graue
Sich ein funkelnd Sternlein bricht.
Langsam wallt es durch das Blaue,
Und der Zug folgt seinem Licht.
Horch, die Diener flüstern leis:
»Will noch nicht die Stadt erscheinen
Mit den Tempeln und den Hainen,
Sie, der schweren Mühe Preis?
Ob die Wüste brannte heiß,
Ob die Nattern uns umschlangen,
Uns die Tiger nachgegangen,
Ob der Glutwind dörrt' den Schweiß:
Augen an den Gaben hangen
Für den König stark und weiß.«
Sonder Sorge, sonder Acht,
Wie drei stille Monde ziehen
Um des Sonnensternes Glühen,
Ziehn die Dreie durch die Nacht.
Wenn die Staublawine kracht,
Wenn mit grausig schönen Flecken
Sich der Wüste Blumen strecken,

Schaun sie still auf jene Macht,
Die sie sicher wird bedecken,
Die den Stern hat angefacht.
O ihr hohen heil'gen Drei!
In der Finsternis geboren
Hat euch kaum ein Strahl erkoren,
Und ihr folgt so fromm und treu!
Und du meine Seele, frei
Schwelgend in der Gnade Wogen,
Mit Gewalt ans Licht gezogen,
Suchst die Finsternis aufs Neu!
O wie hast du dich betrogen;
Tränen blieben dir und Reu!
Dennoch, Seele, fasse Mut!
Magst du nimmer gleich ergründen,
Wie du kannst Vergebung finden:
Gott ist über Alles gut!
Hast du in der Reue Flut
Dich gerettet aus der Menge,
Ob sie dir das Mark versenge
Siedend in geheimer Glut,
Läßt dich nimmer dem Gedränge,
Der dich warb mit seinem Blut.

Einen Strahl bin ich nicht werth,
Nicht den kleinsten Schein von oben.
Herr, ich will dich freudig loben,
Was dein Wille mir beschert!
Sei es Gram, der mich verzehrt,
Soll mein Liebstes ich verlieren,
Soll ich keine Tröstung spüren,
Sei mir kein Gebet erhört:
Kann es nur zu dir mich führen,
Dann willkommen Flamm' und Schwert!

FAMILIEN-BRÄUCHE

HANS FALLADA

In Berlin halten die Weihnachtsbäume zeitig ihren Einzug auf Straßen und Plätzen. Dann fangen wir Kinder an, Vater zu drängen, daß er auch einen Baum besorgt. Zuerst verschanzt sich Vater dahinter, daß das überhaupt nicht seine Sache sei, sondern die des Weihnachtsmanns. Natürlich kommt er damit bei uns nicht mehr durch, selbst Ede glaubt nicht mehr an diese Figur, seit beim letzten Fest Herrn Markuleits, unseres Portiers, Schuhe unter Vaters umgedrehtem Gehpelz erkannt wurden. Nein, Vater soll machen und einen Baum kaufen. Auf dem Winterfeldtplatz gab es die schönsten.

Schließlich versprach Vater, sich umzusehen, in diesen Tagen habe er aber noch nicht recht Zeit dafür. Doch wir ließen nicht nach mit Drängen. Schließlich ging Vater, und wir alle erwarteten seine Rückkehr mit Spannung. Natürlich kam er leer zurück. Das hatten wir auch nicht anders erwartet, denn Vater kaufte nie etwas sofort. Er erkundigte sich erst überall, wo er es am billigsten bekäme. Aber Vater kam auch recht niedergedrückt heim: die Weihnachtsbäume waren in diesem Jahre unerschwinglich teuer! Er hatte uns doch recht verstanden, wir wollten wieder einen Baum vom Fußboden bis zur Decke –? Nun also, so etwas hatte er sich schon gedacht, aber solche Bäume gab es nicht unter neun Mark, und mehr als fünf wolle er keinesfalls anlegen ... Wenn wir uns freilich mit einem auf den Tisch gestellten Bäumlein begnügen wollten –?

Wir schrien Protest. Es gelang dem Vater immer wieder, unsere Leidenschaft und unsern Zweifel zu erregen, obwohl sich alljährlich das gleiche Spiel wiederholte. Wir wußten ja, daß Vater wirklich sehr sparsam war, es war ja möglich, daß Weihnachtsbäume in diesem Jahre besonders teuer waren!

Von nun an kam Vater fast alltäglich mit neuen Geschichten über Weihnachtsbäume heim. Und diese Geschichten klangen so echt, mit ihren drastischen Berolinismen, daß wir immer sicherer wurden, Vater war wirklich auf der Suche nach einem Tannenbaum, hatte aber noch keinen gefunden.
Er erzählte uns, wie er am Viktoria-Luise-Platz beinahe, beinahe einen herrlichen Baum gekauft hatte, als er im letzten Augenblick merkte, daß die meisten seiner Zweige nicht an ihm gewachsen, sondern in eingebohrte Löcher gesteckt waren.
Vater berichtete von windschiefen Tannenbäumen und von solchen, die jetzt schon nadelten, und von krummen Bäumen.
Am Bayrischen Platz hatte Vater einen Baum fast schon gekauft, er und der Händler waren nur noch um fünfundzwanzig Pfennige auseinander, da war ein Wagen vorgefahren, eine Damenstimme hatte gerufen: »Den Baum will ich!« und fast aus Vaters Händen wurde der Baum zum Wagen getragen.
Vater tat sehr geheimnisvoll wegen der Käuferin. Er ließ es für möglich erscheinen, daß es vielleicht eine Prinzessin vom kaiserlichen Hof gewesen sei, oder auch eine Hofdame, und er stellte uns vor, daß nun vielleicht des Kronprinzen Kinder mit »unserer Tanne« Weihnachten feierten!
Das versetzte unserer Phantasie einen Schwung, aber es verhalf uns immer noch nicht zu einer Tanne. Und das Fest zog näher und näher. Unser Drängen wurde heftiger. Aber nun wurde Vater plötzlich gleichmütig: er habe diese ewige Lauferei nach Tannenbäumen satt, sie würden auch noch immer teurer. Nein, nun werde er bis zum 24. Dezember warten, wenige Stunden vor dem Heiligen Abend gingen die Händler immer mit ihren Preisen herunter, um den Rest loszuwerden. Freilich riskiere man, daß dann alles fort sei, aber er, Vater, nehme lieber ein solches Risiko in den Kauf, als daß er Wucherpreise zahle.
Wenn Vater so redete, schielte ich immer nach den Fältchen um seine Augen. Sie waren im allgemeinen sichere Anzeiger für Ernst oder Scherz. Aber Vater wußte selbst sehr gut, daß solche Anzeiger in seinem Gesicht saßen, beherrschte oder verbarg sie – kurz, er brachte uns alle in Unsicherheit. Wir suchten die ganze Wohnung ab, wir stiegen auf den Boden und in den

Keller, wir fanden keine Tanne, wir verzweifelten. (Einmal ist es mir bei einer solchen Nachsuche geschehen, daß ich auf Mutters Versteck stieß, in dem sie alle unsere Weihnachtsgeschenke verheimlichte. Ich konnte meiner Neugierde nicht widerstehen und sah sie alle an. Ich habe nie ein kläglicheres, freudloseres Weihnachtsfest als dies erlebt. Ich mußte noch Freude und Überraschung heucheln, und dabei war mir zum Heulen zumute! Von da an habe ich in der Weihnachtszeit meine Augen hartnäckig von jedem Paket, es mochte das harmloseste sein, fortgewendet.)

Also war es ausgemacht und beschlossen, Vater würde den Baum erst wenige Stunden vor der Bescherung kaufen. Wir waren von Angst erfüllt. Mit Kummer sahen wir die Bestände an Weihnachtsbäumen dahinschwinden, wir flehten Vater an, aber Vater schien unerbittlich.

Dafür hatte er ein neues Spiel erfunden, er ließ uns unsere Geschenke raten. Jeder bekam ein Rätsel auf, wie dieses: »Es ist rund und aus Holz. Aber es ist auch eckig und aus Metall. Es ist neu und doch über tausend Jahre alt. Es ist leicht und doch schwer. Das bekommst du zu Weihnachten, Hans!«

Da konnte man lange raten! Mutter zwar schrie manchmal Weh und Ach. »Das ist zu leicht, Vater. Das muß er ja raten! Du nimmst ihm ja die Vorfreude!«

Aber Vater war seiner Sache sicher, und ich erinnere mich wirklich nicht eines einzigen Males, daß ich ein Geschenk erraten hätte.

Unter all diesen Vorbereitungen nahte das Fest. Am 24. Dezember stand Vater ungewohnt früh auf und zog sich mit Mutter ins Weihnachtszimmer, wie nun sein Arbeitszimmer hieß, zurück. Über Weihnachten ruhte alle Arbeit bei ihm. Da wollte er seine Familie ganz für sich haben. Für alle Fälle versuchten wir die Schlüssellöcher, trotzdem wir Vaters Vorsicht kannten: er verhängte sie immer zuerst. Geheimnisvoll verdeckte Gegenstände wurden durch die Wohnung getragen. Alle lächelten, sogar die meist brummige Minna.

Der Vormittag ging für uns Kinder noch so einigermaßen hin. Meist waren wir mit unsern Geschenken für Eltern und Geschwister noch nicht fertig. Mit Eifer wurde laubgesägt, kerbgeschnitzt, spruchgebrannt, gehäkelt und gestickt, und was es da alles sonst noch für Beschäftigungen gab, durch die man in damaligen Zeiten die Wohnungen immer mit Scheuel und Greuel anfüllte.

Zum Mittagessen gab es immer Rindfleisch mit Brühkartoffeln. Mutter vertrat den Standpunkt, daß wir uns noch früh genug den Magen verderben würden und vorher nicht einfach genug essen könnten. Nach dem Essen aber stieg unsere Spannung so sehr, daß wir eine Pest wurden, aus lauter Kribbligkeit und Erwartung brachen ständig Streitigkeiten zwischen uns aus. Schließlich jagte uns Vater auf die Straße mit dem Machtwort, nicht vor sechs Uhr nach Haus zu kommen, eher fange die Bescherung doch nicht an.

Meist trennten wir vier Geschwister uns sofort, wenn wir auf die Straße kamen. Die Schwestern gingen für sich, und ich machte mich mit Ede auf, um die schon hundertmal besichtigten Schaufenster der Spielwarenläden noch einmal anzusehen. Da stellten wir dann fest, was mittlerweile aus den Schaufenstern genommen war, und machten Pläne für das, was wir uns zum nächsten Weihnachtsfest wünschen wollten. Aber die Zeit wurde uns sehr lang, es schien überhaupt nicht dunkel werden zu wollen, und sonst kam die Dämmerung immer so schnell!

Wir gingen und gingen, aber die Zeit verging nicht. Dann kamen wir auf das Spiel, auf den Granitplatten des Bürgersteigs so zu gehen, daß nie auf eine Ritze getreten wurde. Auch durfte man auf jeden Stein nur einmal treten. Gelang es, so bis zur nächsten Straßenecke zu kommen, so wurde ein Lieblingswunsch erfüllt. Dies war also unser Orakel, und es war gar nicht so leicht! Denn manche Steine waren für unsere Kinderbeine sehr breit, auch verlangten entgegenkommende Erwachsene, daß wir ihnen den Weg frei machten, und neben den Granitplatten lag Kleinpflaster – dann ade Lieblingswunsch!

Schließlich war es doch dämmrig geworden. Wir warteten so lange, bis in irgendeinem Fenster der erste Baum brannte, dann stürzten wir nach Haus mit dem Geschrei: »Die Weihnachtsbäume brennen schon überall! Warum geht's denn bei uns noch nicht los?!«

Meist waren die Schwestern kurz vor uns eingetroffen oder kamen gleich hinterher, und meist waren die Eltern dann auch soweit, und wir brauchten nicht länger am Spieße zu zappeln, wie Vater das nannte.
Ich erinnere mich aber auch, daß ich einmal direkt vor der Bescherung noch zu einem Kaufmann in die Martin-Luther-Straße geschickt wurde, um Tomatenmark einzukaufen. Tomatenmark, oder wie man damals noch sagte: Tomatenpüree war zu jener Zeit noch eine teure Sache. Es wurde in kurzen gedrungenen Flaschen verkauft, und die Flasche kostete eine Mark.
Ich bekam also eine Mark in die Hand gedrückt und zog los. Es war ein schneidend kalter Wintertag, und ich war schon von dem vorhergehenden Straßenlaufen ganz durchkältet, so lief ich, so rasch ich nur konnte, zum Kaufmann. Meine Hände waren starr, und die Flasche in ihnen, mit der ich aus dem Laden trat, schien sie noch mehr zu durchkälten. Ich klemmte sie also unter den Arm, steckte die Hände in die Manteltaschen und machte, daß ich nach Haus kam. Kurz vor dem Ziel aber geschah das Unglück: die Flasche glitt unter meinem Arm hervor, klax! machte sie, und ein blutroter Fleck breitete sich rasch auf dem Schnee aus. Ich stand angedonnert davor ...
Nun waren die Eltern gar nicht »so«, ein derartiger Unglücksfall hätte mir nicht mehr als einen leichten Vorwurf und die Mahnung, doch endlich etwas besser aufzupassen, eingetragen. Aber die Festvorfreude, die Ungeduld, schnell zur Bescherung zu kommen, oder auch der Frost in allen Gliedern – ich bin immer ein Frostpeter gewesen – müssen mich völlig verwirrt haben. Ich stand wie gelähmt vor dem roten Fleck im Schnee, bohrte die Knöchel in die Augen und fing jämmerlich an zu weinen.
Trotzdem es in dieser Stunde vor der Bescherung eigentlich alle eilig hatten, sammelte sich bald ein kleiner Kreis um mich, denn zuzusehen hat der Berliner immer Zeit. Vom milden Trost bis zur urwüchsigen Veräppelung fehlte mir bald nichts. Ich erinnere mich noch, daß mir ein besonders hartnäckiger Witzbold immer wieder die Hand auf den Kopf legte und mich zwingen wollte, das Zeug aufzulecken: »Freut sich Mutta doch, det de's wenigstens im Bauche hast!«

Wäre ich nicht so eng umstanden gewesen, hätte ich mich längst auf die Beine gemacht, aber so erschien die Situation ziemlich hoffnungslos.
Plötzlich fragte eine etwas schleppende Stimme: »Was heulste, Junge?«
Ein Mann drängte sich in den Kreis. Ich sah hoch und erkannte ihn, mein geheimes Idol! Er besah den roten Tümpel. »Tomatenpüree, was?« fragte er militärisch kurz. Ich nickte nur. »Kostet wieviel?« Ich schluchzte: »Eine Mark!«
»Hier hast ,ne Mark, Jung«, sagte er. »Weil heute Weihnachten ist. Laß die Pulle aber nicht noch mal fallen!«
Und damit machte er nur den Weg frei, und ich schoß wie ein Pfeil, noch immer etwas schluchzend, in die Martin-Luther-Straße.
Der Gedanke, daß mir grade mein geheimes Idol diese Mark geschenkt hatte, machte mich so glücklich, daß darüber im Augenblick sogar die Festfreude zurücktrat. Ich liebte diesen Mann schon lange aus der Ferne, ich bewunderte ihn, trotzdem er zweifelsfrei ein Mann und kein Herr war, ein Unterschied, den wir Kinder sehr genau machen lernten. Er mußte in einem der Häuser in unserer Nähe wohnen, und wenn wir auf der Straße spielten, sah ich ihn im Sommer wie im Winter zwischen fünf und sechs Uhr vorübergehen. Dann sah ich ihn so lange an, wie es nur irgend ging.
Er trug eine Uniform, er war aber bestimmt nichts Militärisches, wahrscheinlich eher ein städtischer Beamter. Er ging ganz grade, den Kopf etwas im Nacken, und die Augen in dem fahlen Gesicht halb geschlossen. Mit diesen halb geschlossenen Augen und einer Miene gleichgültiger Kennerschaft musterte er alle vorübergehenden Mädchen und Frauen, und trotzdem ich noch ein völliges Kind war, merkte ich doch, daß dieses Mustern auf viele einen Eindruck machte. Sie drehten sich oft nach ihm um, er sich aber nie. Ich habe ihn auch nie mit einem weiblichen Wesen gesehen, er ging immer allein. Er wird wohl einer jener gewissenlosen Frauenjäger gewesen sein, die nur im Dunkeln auf Beute ausgehen, ein wahres Ekel.
Aber damals war er mein Idol, und zwar vor allem wegen seiner Kopfhaltung und der halb geschlossenen Lider. Zu einer gewis-

sen Zeit war meine Bewunderung für ihn so sehr gestiegen, daß ich mir vor dem Spiegel diese Kopfhaltung und diesen Blick einübte. Das hatte seine gewissen Schwierigkeiten, denn wenn ich die Lider wirklich halb schloß, konnte ich mich im Spiegel nicht recht erkennen. Aber schließlich war ich mit dem Ergebnis meiner Übungen zufrieden und beschloß, damit vor ein größeres Publikum zu gehen.

Im Hause verbot sich das, Vater hielt etwas auf grade Haltung und offenen Blick. Auch ist die Familie ein schlechtes Publikum für außergewöhnliche Leistungen: der Prophet gilt nichts in seinem Vaterlande.

Also ging ich auf die Straße und promenierte dort auf und ab, in eben jener einstudierten Haltung: den Kopf zurückgelehnt und die Augen halb geschlossen, die Hände aber hatte ich auf den Rücken gelegt und stolzierte so auf und ab. Ich erregte nicht ganz das Aufsehen, das ich erwartet hatte. So verstärkte ich meine zuerst nur schüchtern angenommene Pose zur vollen Wirkung – und plötzlich schlug ein Herr auf meine Schulter: »Junge, schlaf nur nicht auf der Straße ein!« schrie er. »Mach gefälligst die Augen auf!«

Es war eine bittere Enttäuschung, und mit einem Schlage gab ich alle Versuche auf, ebenso dämonisch zu wirken wie jener Uniformierte. Aber meiner Verehrung für ihn tat dies keinen Eintrag, im Gegenteil, sie wurde eher noch glühender. Man kann sich danach denken, mit welchem Glück es mich erfüllte, daß grade mein Idol mir eine Mark geschenkt hatte. Ich flog wie von Engelfittichen getragen fort und heim. Ich nehme an, diesmal habe ich das Tomatenmark heil nach Haus gebracht, und die Bescherung konnte ihren Anfang nehmen.

Für die letzte Viertelstunde scheuchte Vater auch noch Mutter aus dem Weihnachtszimmer. Er baute ihr noch rasch seine Geschenke auf, auch war es sein eifersüchtig verteidigtes Vorrecht, die Lichter am Baum zu entzünden. In fliegender Hast warf Mutter sich in Gala, wobei sie noch uns auf Sauberkeit und Ordnung prüfte.

Nun versammelten wir uns schon alle erwartungsvoll auf dem Flur, die Herzen schlugen schneller, die Hoffnungen wurden immer ausschweifender. Ich ertappe mich dabei, daß ich vor

lauter Aufregung die Fäuste fest geballt habe und immerzu vor mich hinflüstere: »Au Backe! Au Backe! Au Backe!« Auch Edes Lippen bewegten sich stumm, ich weiß schon, er sagt sich noch einmal das Weihnachtsgedicht auf, das er gleich wird deklamieren müssen ... Nun, in diesem spannendsten Moment, werde ich von der Mutter in die Küche geschickt, um die alte Minna zur Eile anzutreiben. Christa ist längst hier ...
Minna ist noch beim Haarmachen. Ihr dunkles spärliches Haar steht in lauter kurzen Mäuseschwänzchen steil vom Kopfe ab. Jedes Schwänzchen wird sorgfältig mit Ochsenpfotenfett, einer Stangenpomade, eingerieben. Ich flehe Minna an, sich zu beeilen, obwohl ich aus Erfahrung weiß, daß jedes Hetzen bei Minna nur die Wirkung hat, sie noch zu verlangsamen, und kehre zu Mutter zurück, um ihr Bericht zu erstatten. Mutter entscheidet, daß wir auf Minna warten müssen. Aus dem Bescherungszimmer klingt eine rauhe Stimme: »Seid ihr auch alle artig?«
Wir brüllen begeistert: »Ja!«
Die Stimme fragt weiter: »Habt ihr euch auch alle die Zähne geputzt?«
Wir brüllen ebenso begeistert: »Nein!«
Und die Stimme fragt zum dritten Male: »Seid ihr denn auch alle fertig?«
Wir brüllen eiligst wieder ein »Ja!«, aber Mutter fügt hastig hinzu: »Wir müssen noch auf Minna warten!«
»Na, denn wartet man!« ruft die Stimme, und hinter der Tür wird es wieder still.
Aber der Geruch von brennenden Kerzen und Tannennadeln hat sich doch auf dem Flur verbreitet. Unsere Aufregung kann nun nicht mehr höher steigen. Ich tanze auf einem Bein wie ein Irrwisch umher, Ede sieht bleich vor Aufregung aus. Plötzlich geht er, fast finster vor Entschlossenheit, auf Christa zu, nimmt ihre Hand und küßt sie!
Christa wird puterrot und reißt ihm ihre Hand fort. Wir andern brechen in ein verblüfftes Lachen aus.
»Warum hast du das denn bloß gemacht, Ede?« ruft Mutter verwundert.
»Nur so!« antwortet er ohne alle Verlegenheit. »Irgend etwas

muß man doch tun, und mir war grade so! Man wird ja verrückt vor lauter Warten!«

Nach diesen abgerissen hervorgestoßenen Sätzchen stellt er sich neben mich und haut mich mit der geballten Faust auf den Bizeps. Alle Vorbedingungen für die schönste Keilerei sind gegeben, aber ...

Aber da erscheint endlich Minna! Ich finde, ihr glatt an den Schädel geschmiertes Haar sieht nicht anders aus als sonst, darum hätte sie uns wirklich nicht so lange warten lassen müssen!

Mutter ruft: »Vater, wir sind soweit!« und fast augenblicklich ertönt das silberne Bimmeln, eines kleinen Glöckchens. Sofort nehmen wir Aufstellung, und zwar ist nach dem Alter anzutreten, was auch genau der Größe entspricht. Wir stehen hintereinander wie die Orgelpfeifen, nur die zu kurz geratene Minna zwischen Christa und der Mutter stört ...

Die Tür zum Bescherungszimmer fliegt auf, eine strahlende Helligkeit begrüßt uns. Geführt von Ede rücken wir im Gänsemarsch ein. Vater, am Flügel sitzend, sieht uns mit einem glücklichen Lächeln entgegen.

Nach geheiligtem Gesetz dürfen wir weder rechts noch links schauen, wir haben schnurstracks auf den Baum loszumarschieren und vor ihm Aufstellung zu nehmen, nach dem Satz: erst kommt die Pflicht, dann das Vergnügen. Die Pflichterfüllung aber besteht darin, daß Vater nach einem kurzen Vorspiel das Lied »Stille Nacht, heilige Nacht« spielt, nun setzen wir ein, und es wird gesungen. Das heißt, wir sind natürlich nicht wir, ich brumme nur so mit, und auch das gebe ich gleich wieder auf: die klettern ja auf alle Gipfel!

Unterdes mustere ich den Baum. Jawohl, es ist doch wieder ein Weihnachtsbaum geworden, wie er sein soll, vom Fußboden bis zur Decke. Vater hat uns also doch wieder reingelegt, denn diesen Baum hat er bestimmt nicht erst in der letzten Stunde gekauft! Wo er ihn nur so lange versteckt haben mag?! Im nächsten Jahre falle ich aber bestimmt nicht wieder darauf rein!

Der Baum trägt all den bunten Schmuck, den wir seit unsern frühesten Kindertagen kennen, Gold und Silber, bunte Papier-

ketten, allerlei geometrische Figuren in Rhombengestalt, Vielecke, bei denen jede Seite anders bunt ist, Erzeugnisse unserer Pappklebereien an langen Winterabenden. Dazu uralter wächserner Schmuck noch aus Vaters Elternhaus, zart bemalte Engelchen und vor allem ein Kanarienvogel in grünem Ring, den Mutter jedes Jahr von neuem verbannt wissen will, denn es fehlt ihm die ganze Hinterfront. Aber Vater besteht mit uns Kindern auf seiner Anwesenheit er gehört zu unsern Weihnachten. Dazu aber trägt der Baum in Fülle bunte Zuckerringe und Brezeln, schwarze Schokoladenfiguren, vergoldete Nüsse. Siehe da, nichts ist vergessen, auch die traditionellen Knallbonbons entdecke ich, mit denen wir bei der Baumplünderung Silvesterabend das neue Jahr einschießen werden!
Der Gesang ist beendet, Vater tritt in unsern Kreis und sagt ermunternd: »Nun los, Ede, nur Mut!«
Und Ede fängt nach kurzem Räuspern an, sein Weihnachtsgedicht aufzusagen. Es dauert nicht lange, und nun bin ich daran. Mein Teil ist die Weihnachtsgeschichte: »Es begab sich aber zu der Zeit, daß ein Gebot von dem Kaiser Augustus ausging, daß alle Welt geschätzet würde ...« Ich weiß eigentlich gar nicht, wieso gerade ich immer dazu kam, an der Weihnachtsgeschichte kleben zu bleiben, die andern hatten es mit ihren kürzeren Verschen viel bequemer. Die Annahme, daß meine Eltern schon damals erkannt hatten, ich eigne mich mehr für Prosa als für Lyrik, scheint mir doch etwas gewagt.
Ich erledigte meine Geschichte glatt, und nun sind die Schwestern dran. Gottlob gibt es auch bei ihnen keine Schwierigkeiten. Einmal nämlich war Fiete zu faul gewesen, ein Weihnachtsgedicht zu lernen, und hatte einfach das letzte in der Schule gelernte Gedicht als Ersatz geliefert. Es war das schöne Bürgersche »Lenore fuhr ums Morgenrot«, worunter ich mir damals Lenore auf dem Wagen des Sonnengottes um das Morgenrot herumfahrend dachte. Aber so schön dies Gedicht auch sein mochte, es hatte einige Erregung, Tränen, Verzögerung der Bescherung gegeben ... Gottlob war Heiliger Abend, an dem alles verziehen und vergeben wird!
Während die Schwestern aufsagen, schiele ich doch schon nach den Tischen. Ich möchte doch wenigstens sehen, wo mein

Tisch steht, damit ich ihn nachher gleich finde. Im vorigen Jahr stand er beim Ofen. Aber beim ersten Umherschauen blendet mich eine solche Fülle von weißen Tischtüchern, Kerzchen, Bücherreihen, bunt lackiertem Zeug auf jedem Tisch, daß ich überhaupt keine Einzelheiten sehe. Und schon ist Vater hinter mir, dreht meinen Kopf wieder zum Baum und flüstert: »Willst du wohl mal nicht schielen! Alle Geschenke fliegen fort, wenn du schielst!«

Das glaubte ich nun freilich nicht mehr, aber es schien mir doch weise, Vaters Aufforderung zu folgen.

Gottlob ist Itzenplitz jetzt endlich auch fertig. Was hat sie eigentlich aufgesagt? Ich habe kein Wort gehört! Nun gehen wir bei allen umher, allen wünschen wir ein Fröhliches Weihnachtsfest, von den Eltern bekommen wir einen Kuß, und nun ertönt endlich, endlich, endlich der Ruf: »Und jetzt sucht sich jeder seinen Tisch!«

Einen Augenblick Verwirrung, Durcheinanderlaufen – und Stille! Tiefe Stille!

Jeder steht fast atemlos vor seinem Tisch. Noch wird nichts angefaßt, nur geschaut. Also, da ist er nun wirklich, der lang ersehnte Anker-Brückenbaukasten. Endlich werde ich Cäsar seine Brücke über den Rhein schlagen lassen können. Und da steht Hagenbecks »Leben mit meinen Tieren«. Und daneben, wahrhaftig! ein Nansen, mein erster Nansen! Gott, ich werde zu lesen haben in diesen Weihnachtstagen ... Und da, in runden Holzschachteln, römische Legionen, Germanen und wirklich auch griechische Streitwagen! Ich werde eine Schlacht schlagen können –! Ich atme tief auf! Gott, ist das alles schön! Sie sind alle so gut zu mir, und ich bin oft so ruppig! Aber von jetzt an wird alles ganz anders werden, ich will ihnen nur noch Freude machen! Und aufgeregt fange ich an, die Bleisoldaten Schicht für Schicht aus den Schachteln zu nehmen ...

Die Stille im Bescherungszimmer ist einem freudigen Lärm gewichen, überall wird gezeigt, gerufen ... Schon wird hin und her gelaufen, die Schwestern haben einen ersten Überblick gewonnen und sind nun neugierig ... Vater und Mutter lassen sich bald an diesem, bald an jenem Tische sehen. Mutter besteht darauf, daß wir auch das »Nützliche« würdigen: neue Unterhosen oder einen Anzug. Aber das Nützliche ist uns egal, Unterhosen hätten wir sowieso haben müssen, Unterhosen sind nicht Weihnachten, aber Bleisoldaten sind es! Ein bunter Teller ist es, der überquillt von Süßigkeiten. Mit scharfem Blick mustere ich die Anzahl der Apfelsinen und Mandarinen auf dem Teller. Es sind beruhigend wenig, die Hauptsache besteht aus guter solider Leckerei zum Magenverderben. Und als Reserve ist da immer noch der Weihnachtsbaum mit seinem Behang. Es ist zwar verboten, an seine Süßigkeiten vor Silvester, vor der Plünderung zu gehen, aber jedes Stück kennt Vater doch nicht, und in der Weihnachtszeit sind alle Verbote gelockert.

Das Ergebnis war regelmäßig, da die Geschwister ebenso dachten, daß am Silvesterabend die Vorderseite des Baums einen freilich nur spärlichen Paradebehang aufwies. Die Rückseite aber war ratzekahl. Worüber sich Vater ebenso regelmäßig ärgerte, aber nur mäßig, nur weihnachtlich.

Plötzlich tönt ein verzweifeltes Schluchzen durch den Raum. Wir alle fahren hoch und starren. Es ist Christa, die zum erstenmal das Weihnachtsfest fern dem elterlichen Haus verlebt. Der Kummer und die Freude im Verein haben sie überwältigt ...

»Ach, ich bin ja so unglücklich! Ach, wenn ich doch zu Haus sein könnte! Ach, Frau Rat, Sie meinen es ja so gut, und die Nachthemden sind viel zu schön für mich, aber wenn ich sie doch nur für fünf Minuten meiner Mutter zeigen könnte! Ach, ich habe ja alles gar nicht verdient! Nein, ich habe es nicht Frau Rat! Den Saucenrest in der letzten Woche, den Frau Rat so gesucht hat, den habe ich genascht! Und zwei Kalbsbratenscheiben habe ich auch gegessen! Aber sonst nichts, sonst bestimmt nichts! Und nun soll ich wirklich das schöne Nachthemd anziehen – nein, ich bin ja so unglücklich!«

Das Schluchzen verlor sich in der Ferne, Mutter führte die Gebrochene in stillere, für Beichten geeignetere Räume ab.

Haben wir nun alles gesehen? Können wir nun anfangen mit Spielen und Naschen und Lesen? Nein, denn nun fängt die Bescherung noch einmal an! Wir haben ja so viele Tanten und Onkel: was die sich zum Weihnachtsfest für uns ausgedacht haben, liegt noch säuberlich verpackt in Paketen, wie sie der Postbote brachte, unter Vaters Schreibtisch. Wir versammeln uns um Vater, auch Mutter ist wieder da, die Mädchen sind in der Küche und legen die letzte Hand an das Abendessen, es fängt nun an die Bescherung nach der Bescherung, die Festfreude in der Festfreude.

Aber das geht nicht so schnell, denn bei Vater muß alles ordentlich zugehen, mit Bedächtigkeit. Er nimmt das erste Paket, er verkündet: »Von Tante Hermine und Onkel Peter«, und vorsichtig fängt er an, den Bindfaden aufzuknoten. In diesem Hause darf nie ein Bindfaden aufgeschnitten werden, alles wird verknüppert, und sei es aus noch so vielen Enden gestückt, mit dicken Knoten verunziert. Zappelig sehen wir Kinder zu. Der Knoten will ja gar nicht aufgehen. Aber Vater hat die Ruhe, wenn wir sie nicht haben. Kunstvoll schlingt er jetzt aus dem abgelösten Bindfaden ein Gebilde, das wir den »Rettungsring« nennen. »Ede, den Bindfadenkasten«, ruft Vater, und Ede trägt ihn herzu. Der Rettungsring wird zu andern schon gesammelten gelegt, bereit zur nächsten Benutzung. Das Packpapier wird methodisch zusammengelegt – und der darunter sichtbare Karton ist noch einmal verschnürt!

Wir Kinder verzweifeln fast vor Ungeduld. Nochmaliges Knüppern und Zusammenrollen. Nun aber wird der Deckel vom Karton abgenommen – und auf dem weißen, alles verhüllenden Seidenpapier liegt der Weihnachtsbrief.

Ein nochmaliger langer Aufenthalt, erst wird der Brief vorgelesen, ehe das Paket ausgepackt wird. Und manche Briefe sind sehr lang, fast ebenso lang wie langweilig, finden wenigstens wir Kinder.

Aber endlich ist es dann soweit. Es wird ausgepackt, es wird verteilt. Die einen freuen sich, die andern versuchen, ihre Enttäuschung zu verbergen. Es ist oft nicht leicht für die Onkel und Tanten, das Rechte zu treffen. Die uns länger nicht besucht haben, halten uns noch für die reinen Babies, sie haben keine Ahnung, wie wir zugenommen haben an Weisheit und Verstand ...

Der leere Karton wird beiseite gesetzt, die Geschenke zu den Tischen getragen, und nun kommt ein neuer Karton an die Reihe.

»Von Onkel Albert!« verkündet der Vater.

So geht es langsam durch zehn oder zwölf Pakete, unsere Geduld wird auf eine harte Probe gestellt. Aber vielleicht ist es grade das, was Vater mit dieser übertriebenen Langsamkeit erreichen will: wir sollen warten lernen. »Kinder dürfen nicht gierig sein!« Dies war ein Fundamentalsatz unserer Erziehung. (Ich dachte damals oft, wenn ich ihn hörte: also dürfen die großen Leute gierig sein? Die haben's aber gut!) »Sei bloß nicht so gierig«, diese Mahnung ist mir hundert-, tausendmal in meiner Jugend zugerufen worden.

Aber die Gierigste von uns allen war unbestreitbar unsere Schwester Fiete. Vor allem konnte sie sich nie vor Kuchen und süßen Speisen bezähmen. Wenn Mutter sie auf irgendeinen Besuch mitnahm, so gierte Fiete ewig nach dem Kuchen, und wenn sie nicht reden durfte, so bettelten ihre Augen so deutlich, daß sich jede Gastgeberin ihrer erbarmte.

Mutter war ganz verzweifelt darüber und beschloß, daß endlich ein Exempel statuiert werden müsse. Das Gieren müsse ein Ende nehmen. Also verabredete sie mit der nächsten Gastgeberin, bei der sie mit Fiete auftauchen wollte, daß Fiete unter keinen Umständen ein Stück Kuchen haben sollte. Sie müsse einsehen lernen, daß es auch einmal so gehe.

Auf dem Hinweg wurde Fiete wiederum eingeschärft, daß sie nicht betteln dürfe, keine Blicke zu werfen habe, daß sie ruhig sitzen solle, kurzum, daß sie musterhaft artig zu sein habe.

Es ging alles auch wunderbar, Fiete bekam keinen Kuchen und gierte doch nicht. Man stand auf, man sagte einander Lebewohl, man stand schon an der Tür, da machte Fiete kehrt, lief an den Kaffeetisch, pflanzte alle fünf Finger in die Torte und rief: »Adieu, Kuchen!«

Soviel über das Abgewöhnen kindlichen Gierens.

Schließlich ging auch das Pakete-Auspacken zu Ende. Unsere Tische konnten schon alle Geschenke nicht mehr fassen, sie wurden schon darunter gesetzt, und ganz ehrlich seufzte ich einmal: »Es ist ja alles viel zuviel!« Meine Eltern seufzten auch und dachten dasselbe. Es kam eben durch die ausgebreitete, geschenkfreudige Verwandtschaft. Die Eltern waren gar nicht für die übertriebene Schenkerei, sie hielten sich in ganz bestimmten Grenzen. Für jedes Kind hatte Vater eine Summe ausgeworfen, die Mutter bei ihren Einkäufen nicht überschreiten sollte, darauf sah Vater sehr.

Diese kleine Pedanterie Vaters hat einmal meinem Bruder Ede und mir ein ganzes Weihnachtsfest verdorben. Das kam so: Ich hatte mich dem Drama zugewendet und hatte mir ein Puppentheater gewünscht, mit der Dekoration zum Freischütz. Schon lange, ehe Weihnachten war, hatte ich mir ausgedacht, wie wunderbar ich die Wolfsschlucht ausstatten wollte. Der Mond sollte transparent gemacht werden und mittels einer hinter ihm angebrachten Kerze richtig scheinen, auch war bereits im voraus Magnesium für Blitze beschafft. Ede hatte sich Bleifiguren zum Robinson Crusoe gewünscht.

Schon beim Aufsagen der Gedichte hatte ich die ragende Proszeniumswand des Puppentheaters entdeckt, mein Herz war freudig bewegt. Sobald wir das »Aufsagen« hinter uns hatten, stürzte ich zu »meinem Theater«. Jawohl, da war es, und grade die Dekoration zur Wolfsschlucht war aufgestellt. Ich betrachtete sie, starr vor Entzücken, sie übertraf alle meine Erwartungen!

Da aber war Vater hinter mir und sagte: »Nein, Hans, das ist nicht dein Tisch. Das ist Edes Tisch! Du bekommst den Robinson Crusoe!« Und als er mein bestürztes Gesicht sah, setzte er erklärend hinzu: »Sieh mal, Hans, du bist beim letzten Weihnachtsfest ein bißchen zu gut weggekommen und der Ede zu schlecht. Das Puppentheater ist viel teurer als die Bleifiguren, das muß also Ede bekommen ...«

Und er führte mich von der Wolfsschlucht fort zu dem albernen Robinson.

Wie gesagt, ein völlig verdorbenes Fest! Wir Brüder konnten schlecht unsere Enttäuschung verbergen, wollten es wohl auch gar nicht und rührten unsere Geschenke überhaupt nicht an. Dafür schielten wir um so intensiver zum Tisch, des andern. Mein guter Vater sah das wohl und fing an, sich erst gelinde, dann kräftig zu ärgern. Ein paar energische Scheltworte konnten unsere Festfreude auch nicht heben. Schließlich bekamen wir den dienstlichen Befehl, gefälligst nicht zu maulen, sondern mit unsern Geschenken zu spielen. Wir taten es mit so herausfordernder Lieblosigkeit, daß Vater uns zornentbrannt ins Bett steckte. Manchmal verlor eben auch er die Geduld – und hatte nun auch sein verdorbenes Fest!

Oft bin ich später gefragt worden, warum wir Brüder die Geschenke nicht einfach nach dem Fest untereinander austauschten. Aber wer so fragt, kennt unsern Vater nicht. Grade weil wir am Festabend gemuckst und getrotzt hatten, sah er darauf und kontrollierte es auch, daß nach seinem Befehl gehandelt wurde. So gütig und geduldig er auch war, so empfindlich war er doch auch gegen jede Auflehnung, und wo er gar etwas wie Gehorsamsverweigerung spürte, wurde er unerbittlich. Gehorsam mußte sein, das war ein Grundsatz bei ihm, an dem nicht gerüttelt werden durfte.

In solchen Fällen war er dann auch taub gegen alle Fürbitten der Mutter, die nach Frauenart nicht viel von Prinzipien hielt, sondern lebensklüger vom einzelnen Fall ausging. Für Vater war die Sache sehr einfach: ich hatte das vorige Mal zu viel bekommen, also bekam ich jetzt wenig, das mußte der Dümmste verstehen. Auf den Gedanken, daß es uns Kindern ganz gleich war, wieviel Geld ein Geschenk kostete, ist er leider nicht gekommen. Für Ede war das teuere Puppentheater nicht eine Mark wert, der Robinson aber viele hunderte, wenn man Freude überhaupt in Geld ausdrücken kann ...

Es waren dies eben die Schattenseiten von Vaters großer Sparsamkeit und Genauigkeit. So kraß wie in diesem einen Falle haben wir sie freilich sonst nie zu fühlen bekommen. Aber ich weiß doch noch, daß es manchmal kleine Differenzen zwischen Vater und Mutter wegen des Haushaltsgeldes gab. Mutter war mit den Jahren eine wahre Künstlerin geworden, sich »einzurichten«. Aber Vater hatte sich einen Jahresvoranschlag gemacht, in dem alles bis auf das kleinste berücksichtigt war, im Monat war soundso viel vom Gehalt zurückzulegen. Jede Nachforderung zwang ihn nun, seine Pläne umzustoßen, zur Bank zu gehen, vom »Ersparten« etwas abzuheben, alles Dinge, die ihn aufs äußerste beunruhigten. »Wir wollen doch vorwärtskommen«, klagte er dann.

Wenn Mutter dann antwortete, so müßten wir eben auf Logierbesuch verzichten, blieb er dabei, es müsse sich doch einrichten lassen, wo sechs satt würden, fänden auch sieben ihr

Brot, ein Satz, dessen Richtigkeit jede Hausfrau bezweifelt. Wahrscheinlich infolge dieser genauen Rechnerei von Vater hatte sich bei uns Kindern der Mythos gebildet, Vater habe seit unserer Geburt jeden Pfennig für jedes einzelne von uns angeschrieben, und wer mehr als die andern bekommen habe, dem werde das dermaleinst vom Erbteil abgezogen. Dieses sagenhafte Kontobuch spielte in den Gesprächen und Gedanken von uns Kindern eine große Rolle. Es hatte aber sein Gutes: wir wurden nie neidisch aufeinander. Bekam Fiete ein neues Kleid und paradierte damit vor Itzenplitz, so sagte die nur wegwerfend: »Das wird dir ja doch von deinem Erbteil abgezogen!« Fiete antwortete dann zwar: »Na laß doch! Das ist ja noch so lange hin!« aber es dämpfte doch den Stolz.
Natürlich hat dies sagenhafte Kontobuch nie existiert, trotzdem wir noch als große Menschen ein ganz klein bißchen daran glaubten und uns bei Vaters Tode danach umsahen. Vater hatte ganz im Gegenteil verfügt, daß wir Geschwister ganz gleichmäßig erben sollten, ohne Rücksicht darauf, was eines »vorweg« empfangen hätte. Aber an sich glaube ich noch heute: hätte Vater nur die nötige Zeit gehabt, er hätte ein solches Buch schon führen können. Er war dazu sehr wohl imstande. Nicht um uns am Ende Mehrsummen abzuziehen, sondern um der Gerechtigkeit willen. Keines von seinen Kindern sollte je denken, es habe etwas vor den andern voraus. –
Doch war dieses gar zu ausgerechnete Weihnachtsfest eine einzige Ausnahme unter vielen, vielen durch nichts getrübten. Wenn wir dann fertig beschert und ausgepackt hatten, ging es zum Essen. Wir Kinder freilich folgten an diesem Abend nur ungern dem Ruf zu Tisch, wir hätten viel lieber weiter mit unsern Spielsachen gespielt und unsern Hunger von den bunten Tellern gestillt.
Aber das wurde natürlich nicht geduldet. In weiser Voraussicht gab es am Heiligen Abend stets Heringssalat, Mutter meinte, vor soviel Süßigkeiten sei etwas Saures das Beste! Schließlich aßen wir doch alle mit gesundem Appetit von den vielen schönen Sachen, und die Begeisterung schlug hohe Wellen. Immerzu wurde davon gesprochen, was jeder von seinen Geschenken besonders mochte, ein Kind ließ kaum das andere zu Worte

kommen, jedes wollte den Eltern etwas von seiner Freude erzählen.

Aber vor allem wurde Vater gefragt, was denn nun seine Rätsel zu bedeuten hätten, ich hatte die Lösung des meinen auf dem Tisch nicht finden können und bildete mir nun ein, Vater habe noch ein besonderes Geschenk in der Hinterhand.

»Das ist doch so leicht, Hans«, sagte Vater. »Deine Zinnsoldaten sind eckig, aber die Schachtel um sie ist rund. Sie ist auch leicht, und die Soldaten sind schwer. Römische Legionäre hat es vor tausend Jahren gegeben, und doch besitzt du sie heute. – Na, das zu raten war doch wirklich kein Kunststück, Hans!«

Und das fand ich nun auch.

Dann kam noch der lange Abend, an dem wir bis zehn aufbleiben durften. Während wir uns mit unsern Sachen abgaben – Itzenplitz las natürlich schon, als müsse sie ihre sämtlichen Bücher noch an diesem Weihnachtsabend durchrasen – saß Vater am Flügel und spielte einiges von den neuen Noten durch, die Mutter ihm geschenkt hatte. Mutter aber erschien nur zu kurzen Besuchen im Bescherungszimmer, denn in der Küche wurde noch gewaltig gearbeitet. Die weihnachtliche Gans für den nächsten Tag wurde vorbereitet und überhaupt so viel wie möglich vorgekocht, denn die Mädchen sollten es in den beiden nächsten Tagen auch leichter haben.

Dann ging es ins Bett. Bücher mitzunehmen war verboten, aber irgendein besonders geliebtes Spielzeug durfte sich jedes auf den Stuhl vor seinem Bett stellen. Und dann das Erwachen am nächsten Morgen! Dies Gefühl, aufzuwachen und zu wissen: heute ist wirklich Weihnachten. Wovon wir seit einem Vierteljahr geredet, auf was wir so lange schon gehofft hatten, nun war es wirklich da!

Noch im Hemd schlich man in die Weihnachtsstube, aber so früh man auch kam, meistens war schon ein anderes da. Da saß man denn, fror ein bißchen (denn es war noch nicht geheizt) und betrachtete mit ruhigem Besitzerstolz die neuen Schätze. Dazu wurde von den Tellern genascht; war man aber ganz schamlos, schlich man auch schon an die Rückseite des Baumes und schonte die eigenen Vorräte.

Am Vormittag dann ging das Besuchen los. Alle Jungen be-

suchten einander, alle Mädchen besuchten einander, es war ein ständiges Kommen und Gehen, ein ohrenbetäubendes Geschnatter. Offiziell erfolgten diese Besuche, um einander ein frohes Fest zu wünschen, in Wirklichkeit wurden die Geschenke angesehen, verglichen, gebilligt oder verworfen.
Der arme Vater aber war ohne bleibende Stätte. Er trug es mit Sanftmut und sah nur selten und kurz in seine Akten. Der zweite Weihnachtstag verlief schon nicht mehr ganz so ungetrübt, denn der Vormittag mußte den ersten Dankbriefen gewidmet werden. »Man kann nicht früh genug damit anfangen«, sagte Vater mahnend. »Sie haben euch ja pünktlich zum Weihnachtsfest die Pakete gesandt, nun dankt ihnen auch pünktlich und wünscht ihnen Glück zum neuen Jahr!«
Diese Dankbriefe waren eine schreckliche Quälerei. Wir erfuhren es wieder einmal, daß es kein ganz reines Glück auf Erden gebe; zehn bis zwölf Pakete bekommen zu haben, war sehr angenehm gewesen, aber nun bedeutet das für jeden von uns zehn bis zwölf Dankbriefe! Ich entwickelte hohe Fähigkeiten, meine Buchstaben sehr groß zu schreiben. Auch schrieb ich der ganzen Verwandtschaft den gleichen Brief, immer von der Besorgnis erfüllt, sie könnten es doch merken. Ich hatte so eine Idee, die Onkel und Tanten tauschten diese wertvollen Schriftstücke untereinander aus!

FRÖHLICH SOLL MEIN HERZE SPRINGEN

PAUL GERHARDT

Fröhlich soll mein Herze springen
Dieser Zeit,
Da vor Freud
Alle Engel singen
Hört, Hört, wie mit vollen Chören
Alle Luft
Laute ruft:
Christus ist geboren

Heute geht aus seiner Kammer
Gottes Held,
Der die Welt
Reißt aus allem Jammer
Gott wird Mensch, dir Mensch zugute;
Gottes Kind,
Das verbind't
Sich mit unserm Blute.

Sollet uns Gott nun können hassen,
Der uns gibt,
Was er liebt,
über alle Massen?
Gott gibt, unserm Leid zu wehren,
Seinen Sohn
Aus dem Thron
Seiner Macht und Ehren.

Sollte von uns sein gekehret,
Der sein Reich
Und zugleich
Sich selbst uns verehret?
Sollt uns Gottes Sohn nicht lieben,
Der jetzt kommt,
Von uns nimmt,
Was uns will betrüben?

Hätte für der Menschen Orden
Unser Heil
Einen Greul,
Wär er nicht Mensch worden;
Hätt er Lust zu unserm Schaden,
Ei, so würd
Unsre Bürd
Er nicht auf sich laden.

Er nimmt auf sich, was auf Erden
Wir getan,
Gibt sich an,
Unser Lamm zu werden,
Unser Lamm, das für uns stirbet
und bei Gott
Für den Tod
Gnad und Fried erwirbet.

Nun er liegt in seiner Krippen,
Ruft zu sich
Mich und dich,
Spricht mit süßen Lippen:
Lasset fahrn, o lieben Brüder,
Was euch quält,
Was euch fehlt;
Ich bring alles wieder.

Ei, so komm und lass uns laufen;
Stellt euch ein,
Groß und klein,
Eilt mit großen Haufen;
Liebt den, der vor Liebe brennet,
Schaut den Stern
Der euch gern
Licht und Labsal gönnet.

Die ihr schwebt in großem Leiden,
Sehet, hier
Ist die Tür
Zu den wahren Freuden.
Fasst ihn wohl, er wird euch führen
An den Ort,
Da hinfort
Euch kein Kreuz wird rühren.

Wer sich fühlt beschwert im Herzen,
Wer emphind't
Seine Sünd
Und Gewillenschmerzen,
Sei getrost! Hier wird gefunden,
Der Eil
Macht heil
Die vergist'ten Wunden.

Die ihr arm seid und elende,
kommt herbei,
füllet frei
Eures Glaubens Hände!
Hier sind alle guten Gaben
Und das Gold,
Da ihr sollt
Euer Herz mit laben.

Süßes Heil, lass Dich umfangen,
lass mich dir,
meine Zier,
unverrückt anhangen.
Du bist meines Lebens leben;
Nun kann ich
Mich durch dich
Wahl zufrieden geben.

Meine Schuld kann mich nicht drücken,
Denn du hast
Meine last
All auf deinem Rücken.
Kein Fleck ist an mir zu finden,
Ich bin gar
Rein und klar
Aller meiner Sünden.

Ich bin rein um deinetwillen,
Du gibst gnug
Ehr und Schmuck,
Mich darein zu Hüllen.
Ich will dich ins Herze schließen;
O mein Ruhm.
Edle Blum,
Lass dich recht genießen.

Ich will dich mit Fleiß bewahren,
ich will dir
Leben hier,
Dir will ich abfahren.
Mit dir will ich endlich schweben
Voller Freud
Ohne Zeit
Dort im andern Leben.

VOM ALLERSCHÖNSTEN WEIHNACHTSSTERN

ULRICH PETERS

Welch ein Zauber liegt im Licht der Weihnachtssterne. Einerlei, ob sie kleinen Fackeln gleich von flackerndem Kerzenlicht oder winzigen elektrischen Glühbirnen erleuchtet werden. Mal strahlend, mal funkelnd lassen sie die dunkelsten Nächte des Jahres leuchten. Aber auch, wenn sie aus Stroh geflochten, Papier oder glitzernder Goldfolie gefaltet, aus Glas gegossen oder Silber geschmiedet wurden – Weihnachtsterne bergen einen ganz besonders geheimnisvollen Glanz.

Wir wohnen in einem gemütlichen Altbauviertel mitten in der Stadt. Bis dahin reicht der unvergleichliche Schein des Sternenhimmels leider nur in sehr klaren frostigen Nächten, wie es sie fast nur im Dezember gibt. Aber jedes Jahr zu Beginn der Adventszeit hängen viele unserer Nachbarn beleuchtete Weihnachtssterne in ihre Fenster. Wenn sie dann abends nach Hause kommen, leuchten die Sterne ihnen schon von Weitem entgegen und weisen den Weg in die warmen Wohnungen. Ab und an beobachte ich, dass sich aber auch andere an diesen Sternen freuen. Spaziergänger halten für einen Atemzug inne, oder Rad- und Autofahrer sehen einen Augenblick lang nur zur Seite. Etwas vom Leuchten der Weihnachtssterne geht dann über ihr Gesicht, und das kommt gar nicht so selten vor. Einverstanden, diese Weihnachtsterne sind nur höchst unvollkommene Nachbildungen ihrer ungleich größeren, glänzenden Geschwister in der samtschwarzen Weite und Finsternis des Firmaments. Aber manchmal glaube ich, auch ihr Glanz ist wie ein stiller Gruß des Himmels und wärmt unsere Seelen an kalten Wintertagen. Und darin gleichen sie einem anderen Stern, von dem ich hier erzählen möchte.

Die Nacht war klar, wie wenige zuvor. Aber die eisige Kälte kroch ihm unbarmherzig den Rücken empor. Das Feuer war fast hinunter gebrannt. Auch wenn es mühsam sein würde, der Alte musste einmal mehr nach den Schafen sehen, die sich immer noch nicht beruhigt hatten. Es ging nicht mehr so gut und unbeschwert wie früher. Seine Knochen knirschten, und sein rechtes Knie schmerzte bei jedem Schritt. An schnelles Laufen war gar nicht mehr zu denken. Also hinkte der Hirte, ein wenig wackelig auf eine provisorische Krücke gestützt, die er aus seinem alten Hirtenstab geschnitzt hatte, zu den Tieren herüber. Trotz der bitteren Kälte schwitzte er vor Anstrengung und Schmerz. War das jetzt sein Leben? Entweder, er wurde zurückgelassen, oder er kam überall zu spät. Wer zu spät kam, verpasste das Wesentliche. Daran mochte er sich zwar nicht gewöhnen, aber es war nun einmal so. Was sollte er denn schon machen, er kam halt nicht mehr mit. Wenigstens hatten sie ihm diesen kleinen Kerl zurückgelassen, der als Findelkind zu ihnen gekommen war und sich nun als Hirtenjunge verdingte. Und dann war da noch der steinalte Hütehund, dessen Augenlicht langsam erlosch. Der Alte musste lachen, um nicht zu weinen. Ein hinkender Hirte, ein halbblinder Hund, ein Waisenkind und eine verstörte Herde. Wer wusste schon, was ihnen in dieser merkwürdigen Nacht noch alles widerfahren würde. Wachsamkeit und Vorsicht waren geboten. Eigentlich hätten die Besten von ihnen bei der Herde zurückbleiben müssen. Denn wenn er ehrlich war, konnten die Schafe von ihnen dreien keinen wirklich wirksamen Schutz erwarten. Wenn es ernst würde, wäre die Herde gefährdet, um nur das Mindeste zu sagen. Das hatten die anderen nicht bedacht, als sie in ihrer Begeisterung Hals über Kopf aufbrachen, um zu sehen, was ihnen berichtet worden war. Aber auch das war nun nicht mehr zu ändern. Also tat der Alte, was er konnte und mühte sich nach

seinen nachlassenden Kräften. Er rief den Hirtenjungen und den Hund zu sich, und gemeinsam versuchten sie, die nervösen Tiere zu sammeln und zusammenzuhalten.
Langsam war die Herde darüber wieder ruhiger geworden, und allmählich kehrte der Frieden der Nacht auf die Felder vor der kleinen Stadt zurück. Gegen die Kälte kauerten sich die drei an der Feuerstelle zusammen, in der nur noch eine schwache Glut glomm. Der Alte hielt den Jungen warm im Arm, und der Hund lag zu ihren Füßen. Keiner sagte ein Wort, aber auf ihren Gesichtern konnte man lesen, wie sehr sie die Ereignisse dieser Nacht berührt und bewegt hatten. »Waren das wirklich Engel?«, durchbrach schließlich der Hirtenjunge das Schweigen. »Hm«, brummte der Alte, und es war nicht zu erkennen, ob sein Brummen Zustimmung oder Zweifel ausdrücken sollte. Wieder fielen sie in Schweigen, ehe der Alte anhob und mit seinem Blick zum nachtschwarzen Himmel deutete: »Ungezählte Male schon habe ich in solch einer kalten Nacht bei den Schafen gewacht, allein mit den Tieren und den Sternen. Ja, die Sterne.« Er hielt kurz inne, als dachte er nach. Dann fuhr er fort: »Mitten in der Finsternis sind sie wie kleine Fenster, durch die das geheimnisvolle Licht des Himmels scheint. Wenn du lange genug zu den Sternen hinaufsiehst, klärt ihr Leuchten den Blick. Versuch es selbst einmal!«
Versonnen und vorsichtig richtete der Hirtenjunge seine Augen zum Himmel, und nach einer Weile schien es dem Alten, als spiegelten sich die Sterne des Himmels in den Augen des Kindes wider. »Manchmal, in sehr seltenen und schönen Augenblicken«, fuhr er fort, »wird einem nicht nur der Blick klar. Es klären sich auch die eigenen Gedanken. Dann fällt das Licht der Sterne durch die Augen geradewegs in dein Herz. Meine Mutter nannte das Sternstunden. Das hat mir sehr gefallen, und ich glaube, es stimmt. Denn dann wird einem etwas klar, das man zuvor nicht begreifen konnte, so sehr man sich auch angestrengt hat. Es geht einem ein Licht auf. Es leuchtet einem plötzlich etwas ein.«
Still blickten die beiden vor sich hin und erinnerten sich, wie zur Mitte der Nacht die Sterne zunächst zu flirren und flimmern begonnen hatten und dann ihre angestammten Bahnen

verließen. Plötzlich durchbrach dann dieses ganz unvergleichliche Licht die Nacht – heller als abertausend Sterne und wärmer als alle Sonnen. Sie meinten, das Licht wie eine ferne und doch nahe Musik klingen zu hören. Dann war da diese Stimme, die ihnen davon berichtet hatte, dass in dieser Nacht etwas Besonderes geschehen werde. Alles werde endlich gut. Die ältesten Hoffnungen der Menschen erfüllten sich: Gott selbst komme zur Welt. Aber nicht als König mit großem Gefolge und himmlischem Getöse, sondern unerwartet und beinahe unbemerkt als kleines Kind in einem Stall. Er werde Mensch, damit die Menschen menschlicher und die Welt erfüllt werde von seiner Gegenwart. Der Hirte überlegte: Wer es nicht wusste, würde Gott glatt übersehen können, so unscheinbar, so gewöhnlich und unerkannt kam er daher. »Nein, ich habe schon nicht mehr daran geglaubt«, sagte der Alte in die Stille hinein und zog den Kleinen noch etwas fester an sich. »So wie es in unserer Welt zugeht, war ich der festen Überzeugung, Gott habe uns längst vergessen und unserem traurigen Schicksal überlassen. Dich, mich, die anderen alle, die im Dunkel hausen müssen. Aber jetzt. Vielleicht haben wir gerade eine Sternstunde erlebt? Nur unendlich viel größer. Für einen einzigen wunderbaren Moment war es, als ob alle Himmelslichter zu einem starken Strom von Licht und Leben und Liebe zusammenflossen. Etwas davon ist noch zurückgeblieben.«

Bei diesen Worten wies er mit seiner Krücke auf einen Stern, der nicht weit von ihrer Weide am Himmel stand und so lebendig funkelte, dass es ihnen schien, als bewege er sich und als würden aus seinem schimmernden Schweif fortwährend neue Sterne geboren. Und wenn man genau hinsah, erkannte man, dass dabei feinster Sternenstaub leise zur Erde und auf den Stall niederrieselte.

Nur wenig später schlief das Kind in den Armen des Alten ein. Sorgsam breitete der Hirte eine schon etwas abgewetzte alte Felldecke über den Jungen und umfasste ihn fest, so als wolle er ihn vor der Nacht schützen. Aber dann musste er über sich selbst lächeln: »Was gibt es bei uns dreien schon noch zu schützen. Einsam, krank und alt – was kann uns schon noch widerfahren, tiefer ins Dunkel kann man kaum geraten.« Dann verfiel er wieder ins Nachdenken: »Außerdem: Wir haben das Licht der Sterne nur um den Preis des Dunkels. Je tiefer und schwärzer die Nacht, desto heller und klarer ist ihr Leuchten. Vielleicht dürfen wir das Dunkel einfach nicht fürchten und an der Finsternis nicht verzweifeln. Wenn wir die Sterne leuchten sehen wollen, müssen wir wohl bereit sein, die Nächte in Kauf zu nehmen. Mir scheint, gerade dies ist das Geheimnis ihres Glanzes.« Die vielen Eindrücke dieser Nacht, sein Nachsinnen und die Tiefe seiner Gedanken erschöpften den Alten, und er schlief ein.

So fanden ihn die anderen Hirten, als sie vollen Herzens zu ihrem Lagerplatz zurückkehrten: Versonnen schlummernd und schutzlos mit der Herde den Schatten der Nacht ausgeliefert. Aber die Hirten konnten dem Alten nicht böse sein, zu sehr bewegte sie das Bild, wie der alte Mann, das Kind und der Hund zusammengekauert am verloschenen Feuer hockten. Irgendwie erinnerte es sie an die junge Familie, die sich unweit von hier einen Stall mit einem Ochsen und einem Esel teilte und von der die Engel gesagt hatten, mit ihnen komme der Himmel auf die Erde. Also fachten sie das Feuer neu an und sahen nach den Tieren. Schlafen aber mochten die Hirten nicht – zu stark und zu aufregend waren die Eindrücke dieser Nacht. Wie um es festzuhalten und damit es auf gar keinen Fall verloren gehe, erzählten sie einander wieder und wieder, was sie alles erlebt hatten. Die Flammen ihres kleinen Feuers flackerten dabei fröhlich in der Nachtluft, und obwohl sie ihre Stimmen dämpften, um die drei in ihrem Schlaf nicht zu stören, lag eine knisternde Spannung in der Luft. Es dauerte nicht lange, bis zuerst der Alte erwachte, dann schlug der Junge die Augen auf, und bald schien ihnen selbst der Hund mit verschleiertem, altersschwachem Blick, aber gespitzten Ohren aufmerksam zu lauschen. Staunend vernahmen die drei, was die anderen erzählten, während ihr Blick immer wieder zu dem großen Sternenbild am Horizont schweifte, das hinter aufziehenden Wolken langsam schwächer wurde.

Er wusste, dass es mühsam werden würde. Aber nachdem er alles mit angehört hatte, konnte der Alte nicht mehr an sich halten. Er wollte das Wunder mit eigenen Augen sehen. »Aber

wie willst du den Weg denn schaffen? Du kommst ja nur mit Mühe gerade einmal bis zur Herde.« Die Hirten sahen einander skeptisch an.
»Ich gehe mit und helfe ihm«, zerstreute der Hirtenjunge ihre berechtigten Sorgen. Während sich der Alte also aufrappelte, nahm der Junge einen brennenden Holzscheit als Fackel aus dem Feuer, und so zogen sie in die Nacht – ein hinkender Hirte, der sich auf seine wackelige Krücke und ein kleines Kind stützte. Kaum aber, dass sie die ersten Schritte gemacht hatten, rührte sich auch der alte Hütehund und folgte ihnen in die Finsternis.
Die Nacht war schon vorgedrungen, als sie nach einiger Anstrengung endlich in die Nähe des Stalls gelangten. Sie hielten kurz inne, um noch einmal frische Kraft für das letzte Stück des Wegs zu sammeln. Der Alte bückte sich nach dem Hund und gab ihm mit der flachen Hand einen anerkennenden Klapps auf die Flanke: »Soll keiner sagen, wir Alten seien für nichts mehr gut.« Inzwischen war das Licht der Sterne nämlich völlig von dicken Wolken verschluckt worden. Ein Sturm zog auf. Der Hund aber hatte den Weg gefunden. Zwar ließ sein Augenlicht nach, auf seine Witterung indes war offenbar Verlass. Es schien gerade so, als ob er einem inneren Leitstern folgen würde. Der Weg war nicht wirklich weit gewesen. Aber der Alte wusste genau, dass er ihn alleine kaum geschafft haben würde. Zusammen mit dem Hirtenjungen und dem Hütehund aber war es gut gegangen. Dankbar lächelte er auch den Hirtenjungen an, der seinen Blick mit strahlenden Augen erwiderte. »Wie wir uns doch brauchen«, seufzte der Alte, »die sonst keiner mehr brauchen kann.«
Plötzlich sahen sie einen Mann mit einer schwachen Laterne vom Stall her auf sich zueilen, der in heller Aufregung war. Es war der Vater der jungen Familie. Aber Friede und Freude, von denen ihnen doch berichtet worden war, ging nicht von ihm aus, eher etwas Verzagtes und Verzweifeltes. »Gut, dass doch noch jemand kommt. Ihr seid späte Gäste, aber nie waren mir späte Gäste willkommener. Wir hatten so viele Besucher in dieser Nacht, auch solche, die wertvolle Geschenke brachten. Aber jetzt, wo wir so dringend Hilfe brauchen, ist niemand

mehr da, und die Geschenke helfen uns leider auch nicht weiter. Kommt und seht selber.«
Mit diesen Worten führte er die drei zum Stall. Als sie eintraten, beugte sich die junge Mutter gerade mit sorgenvollem Blick über das Kind in der Krippe und nahm es auf. Ihm sei ein weiterer Engel erschienen, erklärte der junge Vater. Er habe berichtet, dass der König dieses Landes das Kind ums Leben bringen lassen wolle. Der Engel habe ihm darum aufgetragen, mit seiner Familie über die Grenze zu fliehen. Aber das sei ja gerade das Problem. Er kenne sich hier nicht genügend aus, und wie solle er mitten in der Nacht in dieser fremden Gegend, im Sturm zumal, den Weg über die Grenze finden, um seine Familie in Sicherheit zu bringen?
»Beruhigt euch, guter Mann«, antwortete der Alte dem Vater. »Solange ich denken kann, bin ich mit meinen Tieren durch diese Gegend gezogen. Natürlich kenne ich den Weg zur Grenze, sogar Wege abseits der großen Straßen, auf denen ihr vor Nachstellungen einigermaßen sicher sein müsstet.«
Die Erleichterung im Stall war mit Händen zu greifen. Die Mutter, in deren Armen das Kind selig schlief, lächelte ihn dankbar an, und der junge Vater lachte und weinte zugleich: »Ich habe es gewusst, euch schickt der Himmel. Von Weitem schon erschien eure Fackel wie ein Stern, mit dem Hilfe naht.«
Der Alte dachte nach. Der Weg zur Grenze war zwar nicht weit. Aber der sicherste Pfad würde durch unwegsames Gelände führen. Die junge Familie müsste begleitet werden. Wenn er selbst mitkomme, würde es indes zu lange gehen und die Familie nicht schnell genug vorankommen. Wie er so nachdachte, fiel sein Blick auf den Hirtenjungen. Der stand direkt an der Krippe und betrachtete still und staunend das Kind im Arm der Mutter. Gedankenverloren und vielleicht auch ein bisschen verlegen nestelte er dabei mit seinen Fingern im Stroh. Das Bild rührte den Alten: Das Findelkind beim Krippenkind – kleine Brüder in einer unwirtlichen Welt, die keinen Platz für sie zu haben schien. Da gewahrte er auch den alten Hütehund, der sich zu Füßen der jungen Mutter und des Kindes an die Krippe gekauert hatte, als ob er die beiden beschützen wolle. Natürlich, das war's. Auch der Hund hatte den Weg zur Grenze unzählige Male zurückgelegt.

»Der Hund kann euch helfen«, bot er darum dem jungen Vater an. »Er ist zwar schon steinalt und sieht nicht mehr gut. Dafür aber ist er erfahren und augenscheinlich noch sehr findig. Er wird euch sicher über die Grenze begleiten.«

»Und ich komme auch mit«, schloss sich spontan der Hirtenjunge an. »Gewiss kennt der Hund den Weg. Aber meine jungen Augen sind klarer und hellsichtiger als seine, wenn dann doch einmal Gefahr droht.«

So zog die junge Familie in die Nacht hinaus. Der alte Hirte aber blieb wartend beim Stall zurück. Er wollte sich noch einen Moment ausruhen, ehe er den Rückweg anzutreten versuchte, und blickte ihnen nach: Die Mutter mit dem Kind auf dem Esel reitend, der im Stall gestanden hatte und den nun ihr Mann führte – ihnen voran aber eilten mit der alten Laterne ein Hirtenjunge und ein Hütehund. Der Alte musste an die Worte des jungen Vaters denken. Je weiter sie sich entfernten, desto mehr glichen der Junge und der Hund einem kleinen schwebenden Stern, der der flüchtenden Familie den Weg durch die Nacht wies. Gewiss, das Ganze war gefährlich. Aber eigentümlicherweise sorgte sich der Alte nicht und vertraute fest darauf, dass alles gut gehen werde.

Kaum aber war das Leuchten ihrer Laterne in der Ferne verschwunden, bemerkte der Alte aus der Richtung der kleinen Stadt das Licht irgendwie bedrohlich lodernder Fackeln, die rasch näher kamen. Je näher sie aber kamen, desto deutlicher vernahm er auch das Klirren von Lanzen, Schwertern und Schilden – die Soldaten des Königs. Aus der kleinen Stadt meinte er nun auch vereinzelt verzweifelte Schreie zu hören. Jetzt wurde dem Alten doch bange um Herz. Aber es war schon zu spät, eine Flucht völlig ausgeschlossen.

Die Soldaten umringten ihn. An ihren Schwertern klebte frisches Blut. Sie suchten ein Kind, das in dieser Nacht zur Welt gekommen sei. In der nahen Stadt hätten sie erfahren, dass in dieser Nacht eine junge Familie in einem Stall auf den Hirtenfeldern übernachten würde. Die Frau sei hochschwanger. Sehr verdächtig sei das alles. Der Alte rang abwechselnd nach Luft und um die richtigen Worte. In letzter Sekunde aber ging ihm ein Licht auf. Ihm fiel eine List ein und plötzlich, er wusste auch nicht wie, fühlte er sich ganz sicher: »Das muss ein anderer Stall sein«, entgegnete er. »Wie ihr seht, bin ich versehrt und kann mich schlecht fortbewegen. Ich war die ganze Nacht hier.« Er deutete er mit der freien Hand auf seine Krücke und dann auf den alten Ochsen, der hinten im Stall stand. »Auf meine alten Tage darf ich noch das Vieh der Wirtsleute aus der Stadt hüten und verbringe so meinen Lebensabend. Eine junge Familie, sagt ihr? Die wäre mir sicher nicht entgangen. Nein, hier sind sie nicht.« Dann hielt er kurz inne, als ob er nachdenke. »Aber es gibt noch einen anderen Stall auf den Feldern auf der gegenüberliegenden Seite der Stadt.« Und mit diesen Worten schickte er die Soldaten geradewegs in die Gegenrichtung des Wegs, auf dem die junge Familie flüchtete. Tatsächlich würden die Soldaten dort irgendwann auch auf einen Stall treffen. Aber dann hätten sie so viel Zeit verloren und die flüchtende Familie so viel Vorsprung gewonnen, dass sie jenseits der Grenze in Sicherheit sein würden.

»Was für eine merkwürdige Nacht«, dachte der Alte, als sich der Feuerschein ihrer Fackeln in der Ferne verlor, »in der die Sterne ihre gewohnten Bahnen verlassen, jene, die zu spät kommen, gerade recht am Ort sind und Kinder und Alte den Himmel schon in Sicherheit bringen müssen, kaum dass er zur Welt gekommen ist.«

Mit diesem Gedanken brach er auf und wanderte langsam, sein schmerzendes Bein nachziehend, zum Lager der Hirten zurück. Aber der Rückweg fiel ihm leichter, als er erwartet hatte. Die Ereignisse dieser Nacht hatten ihn auf eigentümliche Weise gestärkt, obwohl sie so viel Kraft von ihm verlangten. Beim Lager eingetroffen, fand er die anderen Hirten immer noch am Feuer in lebhafte Gespräche vertieft. Später, zu vorgerückter Stunde, kehrten auch der Junge und der Hund mit dem Esel ins Lager zurück. Das Reittier wollte er am kommenden Morgen zum Stall zurückbringen.

Gemeinsam hockten sich die drei zu den anderen ans Feuer und erzählten, was ihnen in dieser Nacht widerfahren war. Ihre Geschichte war so viel dunkler und düsterer als die lichte und festliche Stunde nach der Geburt, von der die anderen berichtet hatten. Und doch hing offenbar beides miteinander zusam-

men, nur wie? Betroffenes Schweigen legte sich über die Runde, ehe sie auf den Hirtenjungen aufmerksam wurden. Versunken nestelte der an einigen Strohhalmen herum.
Als der kleine Kerl bemerkte, dass ihn alle neugierig ansahen, hielt er inne. »Ich habe mir die Halme zur Erinnerung aus dem Stall mitgenommen«, sagte er wie zur Entschuldigung. »Sie stammen aus der Krippe, in der das Kind lag.« Dann zeigte er ihnen, was er aus dem Stroh gemacht hatte. In seinen von den Anstrengungen der Nacht schmutzig gewordenen Kinderhänden lag ein Stern, der unbeholfen und etwas schief aus schlichtem Stroh geflochten war.
»Ich habe in dieser Nacht viele Sterne gesehen«, sagte da der Alte, und seine müden Augen strahlten, als seien sie selber Sterne. »Dieser aber ist der Allerschönste. Er ist so wahr, so echt.« Wenig später ergänzte er noch: »Ja, es sind die Sterne.«
»Was sind die Sterne?« Die Hirten sahen ihn fragend an.
»Es sind die Sterne, die uns als Zeichen gegeben sind, damit uns ein Licht aufgeht. Ich glaube, in ihnen ist das eine mit dem anderen verbunden. Ab heute gibt es nicht mehr oben und unten, das Licht des Himmels und die Dunkelheit dieser Welt. Seit heute gehören beide untrennbar zusammen.« Dann schwieg er wieder eine Weile. »Es wird so viel leeres Stroh gedroschen. Es werden so viele schöne Worte gemacht, wie alles besser werden kann, und darüber kommt unbemerkt der Himmel auf die Erde. Wo fängt der Himmel an? Auf Stroh, ausgerechnet auf Stroh!« Der Alte lachte auf. »Es fängt mit dem Himmel so gewöhnlich an, so alltäglich. Wir müssen ihn suchen, wo wir ihn am wenigsten erwarten: in unseren Dunkelheiten, in unserer Nacht und unserer Not. Da fängt der Himmel an – unscheinbar, klein, alltäglich, aber wirklich.«
Im Licht des Feuers aber und all dessen, was sie in dieser Nacht erlebt hatten, glänzte der Stern in den dreckigen kleinen Händen des Hirtenjungen golden und geheimnisvoll und intensiv. Er funkelte, als ob sich das Licht des großen Sternenbilds am Himmel über dem Stall in ihm spiegele und so, als hafte etwas von dem Sternenstaub an ihm, der fortwährend aus dem Schweif des großen Gestirns zur Erde schwebte. Dann schien es ihnen, als sei dieser Stern gar nicht aus schlichtem Stroh,

sondern aus einem anderen, sehr wertvollen und wundersamen Material gemacht – so leicht und licht und lebendig war er plötzlich. Aber wie immer sich das genau verhält. Aus der Mitte jener Nacht strahlt er durch die Jahrhunderte geradewegs in die Herzen der Menschen als der allerschönste aller Weihnachtssterne.

Seit diesen Tagen bergen die Weihnachtssterne einen ganz besonders geheimnisvollen Glanz. Sie erinnern uns daran, dass wir das Dunkel nicht fürchten und an der Finsternis nicht verzweifeln müssen. Und wenn uns bei Nacht ihr Licht streift, wissen wir, dass unser Leben unter einem guten Stern steht, der alles andere in den Schatten stellt.

WEIHNACHTS-LIED

MAX VON SCHENKENDORF

Brich an du schönes Morgenlicht!
Das ist der alte Morgen nicht,
Der täglich wiederkehret.
Es ist ein Leuchten aus der Fern',
Es ist ein Schimmer, ist ein Stern,
Von dem ich längst gehöret.
Nun wird ein König aller Welt,
Von Ewigkeit zum Heil bestellt,
Ein zartes Kind geboren.
Der Teufel hat sein altes Recht
Am ganzen menschlichen Geschlecht
Verspielt schon und verloren.
Der Himmel ist jetzt nimmer weit,
Es naht die sel'ge Gotteszeit,
Der Freiheit und der Liebe.
Wohlauf, du frohe Christenheit!

Dass Jeder sich nach langem Streit
In Friedenswerken übe.
Ein ewig festes Liebesband
Hält jedes Haus und jedes Land
Und alle Welt umfangen,
Wir alle sind ein heil'ger Stamm,
Der Löwe spielet mit dem Lamm,
Das Kind am Nest der Schlangen.
Wer ist noch, welcher sorgt und sinnt?
Hier in der Krippe liegt ein Kind
Mit lächelnder Gebärde.
Wir grüßen dich du Sternenheld!
Willkommen Heiland aller Welt!
Willkommen auf der Erde!

HEILIGE NACHT

LUDWIG THOMA

So ward der Herr Jesus geboren
Im Stall bei der kalten Nacht.
Die Armen, die haben gefroren,
Den Reichen war's warm gemacht.
Sein Vater ist Schreiner gewesen,
Die Mutter war eine Magd.
Sie haben kein Geld nicht besessen,
Sie haben sich wohl geplagt.
Kein Wirt hat ins Haus sie genommen;
Sie waren von Herzen froh,
Dass sie noch in Stall sind gekommen.

Sie legten das Kind auf Stroh.
Die Engel, die haben gesungen,
Dass wohl ein Wunder geschehn.
Da kamen die Hirten gesprungen
Und haben es angesehn.
Die Hirten, die will es erbarmen,
Wie elend das Kindlein sei.
Es ist eine G'schicht' für die Armen,
Kein Reicher war nicht dabei.

WEIHNACHTS-LIED

OSWALD VON WOLKENSTEIN

Im Syrerland in weiter Ferne
Hört man ein starkes Singen.
Vom Erdenrand vermocht es gern
Zur Hölle selbst zu dringen.
Neu war die Mär: Frei von Beschwer geboren wär
Ein Sohn von reiner Maide.
Die Botschaft klar, so wunderbar, dem Teufel war
Zu großem Zorn und Leide.
Er schlug in Ärger eine Kluft
In eine Mauer, nahe
Der Bethlehemschen Gnadengruft.
Den Riß ich selber sahe.

O reicher Gott, die Welt ist dein,
Die Fürsten dein auf Erden,
Sie mögen tot, lebendig sein
Und noch geboren werden!
Der Armut Macht hat jene Nacht so wohlbedacht
Durch Gottes weise Schickung,
Als dich so groß, den reinen Sproß, aus keuschem Schoß
Frei von der Schuld Umstrickung
Die schönste Jungfrau dort gebar,
Von Ewigkeit erkoren.
Wie elend, ach, die Herberg' war,
Wo sie dich hat geboren!
Ein Esel kam, zum Ochs gestellt,
Gastfreundlichkeit dir entgegen.
Die Krippe nahm, als Bett gestellt,
Dich auf, um dich zu hegen.
Die dein genas und vor dir saß, sie wusste, daß
Ihr Herr und Gott du seiest.

Dich Jungfrau bat des Schöpfers Rat, daß du in Tat
Den Namen »Kind« ihm leihest.
Euch zwei vereint, ich Wolkenstein
Von ganzem Herzen preise.
Hilf mir, Sohn Gottes, Jungfrau rein,
Bei meiner letzten Reise!

VORLESEEMPFEHLUNG

Besonders schön zum Vorlesen:

VERZEICHNIS DER TEXTE UND QUELLEN

Alcott, Louisa May: Betty und ihre Schwestern, in: Dies., Kleine Frauen oder Meg, Jo, Beth und Amy. Dritte, durchgesehene Auflage in einem Bande, Leipzig 1902
Titel der amerikanischen Originalausgabe: Litte Women or Meg, Jo, Beth and Amy, Boston 1868

Andersen, Hans Christian: Der Tannenbaum, in: Ders., Sämmtliche Märchen, 1862

Bang: Einsam am Heiligen Abend

Bobrowski, Johannes: Gesammelte Werke in sechs Bänden. Zweiter Band: Gedichte aus dem Nachlaß © 1998, Deutsche Verlags-Anstalt, München, in der Penguin Random House Verlagsgruppe GmbH

Brecht, Bertolt: Vom Glück des Gebens, in: Ders., Die Gedichte, Herausgegeben von Jan Knopf © Suhrkamp Verlag Frankfurt am Main 2007

Busch, Wilhelm: Der Stern, in: Ders., Sieben Erzählungen © Worpswerde 1985

Dehmel, Paula: Wie der alte Christian Weihnachten feierte, in: Max Necke, Deutsches Weihnachtsbuch. Erzählungen und Märchen, Berlin/Leipzig 1918

Droste-Hülshoff, Annette von: Am Feste der heiligen drei Könige, in: Dies., Gesammelte Werke, Vaduz o. J.

Eichendorff, Joseph von: Weihnachten, in: Ders., Werke, Bd. 1, München 1970

Fallada, Hans: Familienbräuche, in: Ders. Damals bei uns daheim. Erlebtes, Erfahrenes Erfundenes, 1941

Fontane, Theodor: Noch ist der Herbst nicht ganz entflohn, in: Ders., Gedichte in einem Band, Frankfurt/Main, Leipzig 1998

Gans zu Putlitz, Gustav Heinrich: Der Tannenbaum, in: Ders., Was sich der Wald erzählt. Ein Märchenstrauß, Berlin 1885

Gerhardt, Paul: Fröhlich soll mein Herze springen, in Ders., Wach auf mein Herz, und singe, Wuppertal 2004

Gerok, Karl von: Advent, in: Franz Stassen, Die Insel der Glücklichen, Berlin 1923

Hüsch, Hanns Dieter: Feiertage (Nervös). aus: Hanns Dieter Hüsch, Die Bescherung, CD © tvd-Verlag Düsseldorf, 2001

Hüsch, Hanns Dieter: Die Bescherung. aus: Hanns Dieter Hüsch, Die Bescherung, CD © tvd-Verlag Düsseldorf, 2001

Kaléko, Mascha: Advent, in: Dies., Die paar leuchtenden Jahre, hrsg. von Gisela Zoch-Westphal, dtv Verlagsgesellschaft mbH & Co. KG, 2003, mit freundlicher Genehmigung von dtv Verlagsgesellschaft mbH & Co. KG

Keller, Gottfried: Kennt ihr den Kleinkinderhimmel, in: Ders., Gottfried Kellers Werke, Bd. 2, Salzburg/Stuttgart 1958

Kirsch, Sarah: Die Luft riecht schon nach Schnee, in: Dies., Sämtliche Gedichte © 2005, Deutsche Verlags-Anstalt, München, in der Penguin Random House Verlagsgruppe GmbH

Krüss, James: Weihnacht in der großen Stadt, in: Ders., Der wohltemperierte Leierkasten © 1989 cbj Verlag, München, in der Penguin Random House Verlagsgruppe GmbH

Lukasevangelium 2,1–20, aus: Gute Nachricht Bibel, durchgesehene Neuausgabe, © 2018 Deutsche Bibelgesellschaft, Stuttgart

Moore, Clement Clarke: Als der Nikolaus kam (übersetzt von Erich Kästner)

Morgenstern, Christian: Advent, in Ders., Gedichte. Ich und die Welt, 1898

Niese, Charlotte: Die falschen Weihnachtsbäume

O. Henry: Die Gabe der Weisen, in: Amerikanische Kurzgeschichten – Die besten Erzählungen von Poe, Mark Twain, Herman Melville, O. Henry, Washington Irving und anderen, 2015

Oswald von Wolkenstein: Weihnachtslied, in: Dietrich Mendt, Mache dich auf – werde Licht!, Stuttgart 1994

Peters, Ulrich: Von der Kerze, die nicht brennen wollte S. 106f; Vom allerschönsten Weihnachtsstern S.54f . aus: Ders.: An Heiligen Abenden © 2018 Verlag am Eschbach ein Unternehmen der Verlagsgruppe Patmos in der Schwabenverlag AG, www.verlag-am-eschbach.de

Rilke, Rainer Maria: Advent, in Ders., Sämtliche Werke in zwölf Bänden, Bd. 1, Frankfurt/Main 1975

Schenkendorf, Max von: Weihnachtslied

Schwayer, Adolf: Weihnachtszauber, in: Ders.: Weihnachtserzählungen von Adolf Schwayer, Linz a. D. 1920

Seidel, Heinrich: Das Weihnachtsland, in: Wintermärchen, Glogau 1885

Steinwart, Anne: An Dezembertagen © Anne Steinwart

Thoma, Ludwig: Heilige Nacht

Trakl, Georg: Ein Winterabend, in: Ders., Werke – Entwürfe – Briefe, Ditzingen 1986

VERLAGSGRUPPE PATMOS

PATMOS
ESCHBACH
GRÜNEWALD
THORBECKE
SCHWABEN
VER SACRUM

Die Verlagsgruppe
mit Sinn für das Leben

MIX
Papier | Fördert gute Waldnutzung
FSC® C010798
www.fsc.org

Klimaneutral
Druckprodukt
ClimatePartner.com/14549-2003-1001

Die Verlagsgruppe Patmos ist sich ihrer Verantwortung gegenüber unserer Umwelt bewusst. Wir folgen dem Prinzip der Nachhaltigkeit und streben den Einklang von wirtschaftlicher Entwicklung, sozialer Sicherheit und Erhaltung unserer natürlichen Lebensgrundlagen an. Näheres zur Nachhaltigkeitsstrategie der Verlagsgruppe Patmos auf unserer Website www.verlagsgruppe-patmos.de/nachhaltig-gut-leben

Verlagsgruppe Patmos in der Schwabenverlag AG, Ostfildern
www.verlagsgruppe-patmos.de

Gestaltung: Finken & Bumiller, Stuttgart (Gundula Wagner-Rexin)
Umschlaggestaltung: Finken & Bumiller, Stuttgart
Gestaltung Innenteil: Gundula Wagner-Rexin
Umschlagabbildung: MirabellePrint/shutterstock
Illustration: shutterstock, Gundula Wagner-Rexin
Druck: Graspo, Zlín
Hergestellt in Tschechien
ISBN 978-3-8436-1495-5